失控的正向思考

我們是否失去了悲觀的權利？

BARBARA EHRENREICH

BRIGHT-SIDED

HOW POSITIVE THINKING IS UNDERMINING AMERICA

芭芭拉．艾倫瑞克 —著

高紫文 —譯

目次

推薦

激勵產業騙殺全國純潔青少年
——芭芭拉・艾倫瑞克《失控的正向思考》

盧郁佳

女兒：「媽，我跟你說，我老公真的很過分……」

媽媽：「也沒怎樣，幹嘛在那邊小題大作。老公在外面有女人這種事情多得是，人家老婆也沒像你整天哎來哎去。」

女兒：「可是對方是男的耶……」

媽媽：「……那你當初幹嘛要嫁他？現在後悔了吧。後悔有什麼用，還不是你自己不長眼，要怪誰？」

爸爸：「怎麼最近都這麼晚才回來，是跑去哪裡玩了。」

兒子：「加班啦。公司裁員裁很凶，剩下三個人要做所有的事，說要一直加班加到年底。」

爸爸：「當初叫你回來接自己店裡你就不要，去上班也是你自己選的，你要做就不要抱怨。」

兒子：「……我什麼都沒說好嗎！」

很多時候，低階者一開口抱怨，就會招來同儕和權威的包圍檢討。首先，聽者會否認有問題存在，如果這招失敗了，那麼就會轉而把問題歸咎於說者自己犯錯使然，而犯錯又被歸咎於心態錯誤。只要兒女遇到人際衝突，那麼父母通常指責兒女，是他／她自己的錯。只要員工質疑問題出在哪裡，那麼主管就斷定是說出來的人自己有問題。以上對話是虛構的，因為人們從小被訓練了十幾年，已經把父母的價值觀內化，遇到挫折、痛苦，知道說了只是討罵，毫無幫助。他們根本不會說出來，而會自動切換到自責、自卑隱瞞，羞恥怕人知道，成為地雷，自己設法迴避，被人誤踩就會傷痛、暴怒，認為別人刻意要傷害他。一直都不知道長輩這麼擅長切割是從哪學的，直到芭芭拉．艾倫瑞克《失控的正向思考》為之命名，它才登記了戶籍認祖歸宗。它叫失控的正向思考，是殺人不見血的水砲車，可以把抗議群眾沖到幾丈開外游不回來。

芭芭拉．艾倫瑞克，一個沖走水砲車的女人，她可不是省油的燈。此書從作者罹患乳癌的經驗切入，她發現激勵產業設法善待乳癌患者時的照顧想像，是極力把患者兒童化，送她們泰迪熊，但這些產業可不會送攝護腺癌患者火柴盒小汽車。還送化妝品，要她們打扮自己、讓心情變好。對讀者而言，這種想像暗示了陰森的真相：女性一脫離童年就成為疲憊的照顧者，再也沒人會理她們，除非是想從她們身上訛詐照顧；女性只有年輕漂亮才會得到關注，而被關注才會使她們心情變好。所以獎賞這些故障送廠的照顧者，就是催眠患者回到童年受照顧的狀態，給她玩具當禮物。催眠患者縱然已不年輕，但「漂亮」仍然是值得奉獻的人生目標，即使乳房切除手術和憔悴病容摧毀了它。激勵產業心目中的好女人是遭遇打擊不吵不鬧的乖孩子，痛苦和恐懼都該藏好、自我調適為感恩成長。就讓男人去探討生命的意義、哀悼的過程、惡運、肉體凋敝、死亡、毀壞的力量，女人負責假裝沒這回事，繼續照顧老公、小孩，負責維持吸引人的外貌。作者上乳癌患者的討論版發文，抱怨生病的麻煩，結果惹怒癌友群起叫她閉嘴。因為她喚起了眾人極力逃避的痛苦——在這種失能的焦慮下，放棄精神分析、心理諮商、人本心理學，獨尊行為學派，想靠制約改變行為，便造就了書中呈現的龐大激勵經濟。

本書導覽了美國龐大的激勵產業，它的百萬種產品殊途同歸，就是否認現實。業界相信，罹癌者支持團體、心理治療可令患者心情變好，導致免疫力提升，進而治好癌症。減肥、求偶、失業白領求職的激勵營也都叫學員「保持樂觀、就會實現」，除非你相信吃下去的東西會令你發胖，你才會胖，不相信就不會胖。卡內基訓練要讀者假裝正向，強迫自己吹口哨、哼歌。公司訓練總機、空服員隨時都要假裝熱情亢奮來接待顧客，耗盡她們的真實情緒。這些文化，源於喀爾文教派的嚴厲自我監視傾向，藉工作逃避自我檢查壓力。基督科學教派繼而興起，相信世間沒有貧窮、疾病、邪惡，疾病源於當事人失職，惡運是負面想法所招致，所以抱怨或產生不好的念頭時就該懲罰自己，滌淨昇華、預防壞事。

讀者發現，這種歸因很符合人類的直覺。許多原始部落相信，人若沒受巫術所害就不會死亡、生病、受傷，厄運是因為被人作法下降，或干犯自然神靈所致。一萬七千年前克羅馬儂人在法國、西班牙等洞窟留下大量史前岩畫，描述人群獵捕野牛，考古學者解釋畫壁畫是狩獵前的儀式，許願滿載而歸，並且清晰具體地把期待畫出來。《秘密》同樣鼓吹「吸引力法則」，宣稱人可以心想事成，只要想像得越清晰具體，連自己也信以為真，活得像是心願已經實現，就能哄騙心願實現。

本書帶領台灣讀者一窺翻譯暢銷勵志書在美國的原生脈絡。知識階級了解全球化的變遷：製造業外移中國等地導致美國工人失業，非典型僱用壓榨勞工。他們尋找經濟轉型解方，譴責政府缺乏金融監管、導致次貸風暴。但大眾被隔絕於學院研究之外，被現代的巫術所籠罩：《積極思考的力量》、《秘密》、《不抱怨的世界》、《有錢人想的和你不一樣》、《追求卓越》、《誰搬走了我的乳酪？》和無數正向心理學書籍，多數基於錯誤援引量子力學理論和其他研究，或被媒體扭曲的錯誤報導。福音派教會的電視牧師，宛如直銷天王天后，炫富吸引想要變有錢的窮信徒捐獻，生涯教練要企業學員沒完沒了地改善自我，這都是吃勞工的人血饅頭進補。教會、企業、學術、教育、醫療用正向思考洗腦，合理化企業壓榨，防止群眾覺醒、抗爭。

反思正向思考邪教書籍在台灣暢銷的脈絡，就會發現，父母長輩控管兒女情緒的政治，是極權文化的一部分。近年中國紀錄片《大同》中，偏鄉地方政府機關的老少公務員們，利用午休在庭院排好隊形練唱紅歌（愛國歌曲），準備九十週年黨慶表演的景象，使我沉睡的戒嚴回憶一驚而醒：國、高中時，動員學生午休練習國慶大會的觀眾席排字表演；二、三年級的軍歌比賽，愛國演講、作文、朗誦比賽，走分列式和操槍表演；排演民族舞蹈，從「山地舞」到哈薩克舞，表示九族共和、四海歸心，都跟《大同》是同一回事。《大同》中黨慶電視節目，男女主持人的身姿、語調、手勢之歡欣高亢，好像要是沒那麼嗨就會被拖出去吊死。就好像極權國家派去參加奧運的選手，要是比賽沒拿到金牌，臉色都跟死人一樣，因為回去後自己連同家人下場都很可怕。中國現代繪畫回顧文革傷痕，不是畫紅衛兵互相攻擊、勞改三反五反的動盪無奈悲傷，而是畫露齒大笑。一個只能笑、不能哭的社會。

情緒就是宣示、就是行為。負面、錯誤的情緒，被歸為叛亂。而政府動員展示歡笑、熱情等正確的情緒，就是維穩。

安伯托·艾可的小說《玫瑰的名字》回顧中世紀的傳統思想，認為笑扭曲人臉，違背神性，墮落為獸欲、瘋狂、顛覆秩序，不宜見人。台灣軍教片的笑料，魔鬼教官大罵新兵：「笑什麼笑，你牙齒白啊！再笑就讓你倒大楣。」暗示同樣的肅清氛圍。確實，體制權威都經不起嘲笑，暴露其可笑的一面。要腐蝕獨裁者的權力，輕蔑、好笑漫畫像或取滑稽綽號的殺傷力，遠超過聲嘶力竭的攻擊。笑對極權是危險的威脅。在日治時代，人物紀念照並不作興微笑、大笑，而是人人面無表情。而今天走到了另一極端，笑的專政。如同書中所述，制式化的親切，已成為商場往來和服務業的基準。不笑才是突兀、異常的，「裝酷」近乎挑釁。臉書大頭照、自拍、合照，笑容已經通貨膨脹。負責拍合照的人習慣口令指揮：「西瓜甜不甜？」其實並不存在什麼西瓜，而是利用眾人齊答「甜」的嘴形，在畫面上造成一種大笑的錯覺，集體表演正確的情緒。在風景名勝留影，也常聽見拍照者要求被拍者「怎麼沒笑」、「再笑大一點」。我們笑得越多，笑就越顯匱乏，需要笑得更多，才能達到以前的滿足水準。照片笑容的鎮定效果在貶值，而面無表情則淪落到等於擺臭臉。

我們使用臉書的方式與此相去不遠，主要是向陌生人展示生活中快樂、顯赫的時刻，越不快樂的時候越私密。我們以快樂衡量人生資本。過去祖母輩常誇讚嬰兒「好笑面」——嬰兒看著陌生人然後露出微笑，周圍成年人跟著笑，說明流露正面情緒足以充當社交潤滑劑，心情好是美德，嬰兒就以超齡才藝服務大人的情緒、顯然值得稱揚。現在一位朋友告訴我，她家小寶寶進的托兒所，保母每天拍攝幼兒們飲食、玩耍，上傳部落格和家長群組。有些父母就抱怨，自己的小孩在照片裡看起來不夠開心。這些家長希望托兒所幫助他們的孩子處於正確的情緒，或表達正確的情緒。這種形象檢查的恐慌正在塑造下一代。本書揭露正向思考的神話，讓讀者省思，到底需要多少正能量才能夠暫時抵消環境的負能量，飲鴆止渴的困境究竟源於何處，真正面對失能需要的是什麼。

激勵產業和所有獨裁工具一樣，無非是分化群眾、蒙蔽誤導、解除他們團結處理問題的能力。而《失控的正向思考》能將受苦的人從迷霧招聚起來，溝通合作，建立解決問題的資源。芭芭拉．艾倫瑞克執著於面對面去注視那些被蠱惑之人的困境，光是從中感受她的熱情光耀，就能療癒靈魂中那些被長輩襲擊的舊創。美國那些被蠱惑之人的面孔，就是長輩疲憊、憂患的容顏。

想抱怨的人請聽我一句勸：有怨言就大聲說出來吧！

前言
Introduction

美國人是「正向」的民族，不僅名聲如此，對自己定位的形象也是如此。我們笑口常開，若其他文化的人沒有回以微笑，我們經常會覺得莫名其妙。在由來已久的刻板印象中，美國人是樂觀開朗、心情愉悅、心思單純，而外國人就比較難以捉摸、厭世嫉俗，甚至可說是頹廢了。有些移居外國的美國作家，像是亨利．詹姆斯（Henry James）和詹姆斯．鮑德溫（James Baldwin），對此著墨甚深，也因此加深了這個刻板印象。一九八〇年代，從蘇聯流亡的詩人約瑟夫．布洛斯基（Joseph Brodsky）說，美國人的問題就是「從來不懂什麼是受苦」（顯然他不知道藍調是誰發明的），我當時才猛然發覺，美國人給人的刻板印象竟然是如此。對這樣的刻板印象，不論咱們美國人是覺得難為情，還是引以為傲，保持正向的外在情緒與內在心境，對未來充滿樂觀的展望，似乎成了我們根深柢固的性格了。

哪個無禮或叛逆的人敢質疑美國人這些快樂的人格特質呢？就拿正向的「外在情緒」來說好了，就是用微笑打招呼表現自信樂觀，向他人表露內在心境。科學家發現，光是微笑這個動作，就能讓人產生正向的感覺，不過當然要發自內心的微笑才行。此外，透過言語和微笑表達出來的好心情還會感染別人。所以才會有「當你微笑，世界就跟你一起微笑」這樣的說法。若人人都能彼此熱情打招呼、停下身來逗嬰兒笑，根據社會心理學中知名的「情緒感染」作用，世界肯定會變得更美好、更快樂。最近有研究發現，快樂的感覺很容易透過社交網絡傳播，因此，一個人若鴻運當頭，連關係疏遠的人也會跟著開心起來。[1]

再者，今日的心理學家一致認為，正向的感覺，像是感激、滿足、自信，確實能延年益壽、強身健體。我會在本書指出，上述主張有部分是誇大的，但正向感覺和運動、吃維他命補品一樣有益健康，而這不需多費氣力去證明。根據報告，心存正向感覺的人，比較可能有豐富的社交生活，反之，心存負向感覺的人，社交生活就可能比較貧乏。社交活動是對抗憂鬱的重要防線，而且大家都知道，憂鬱可能會導致許多身體疾病，這些都是有實證的論述。對個人也好，對社會也好，保持「正向」在許多方面都益處多多，絕對好過獨來獨往、氣憤不平、長期憂傷。雖然這些道理可能是老生常談，甚至不過是套套邏輯，但還是不得不先提出。

因此，我認為這個現象代表著進步：過去十年左右，經濟學家衡量經濟成就時，不再只用國民生產毛額，也開始重視幸福感。當然，幸福感是無法明確衡量或定義的，對此哲學家爭論好幾個世紀了，就算把幸福定義為正向感覺出現的次數多於負向感覺好了，當被問及是否幸福時，我們還是得在諸多情緒與時間點中，找出平均的感覺。假設我今天本來心情不好，但後來聽到好消息，心情好轉了，那麼該怎麼評估我現在的快樂程度呢？有人做過一個有名的心理實驗，請受試者填寫生活滿意度問卷，不過在這之前，受試者得先幫實驗者做一件與實驗毫無關係的工作：影印。實驗者隨機在半數受試者影印時，在影印機上放一個一角硬幣，故意讓受試者撿到。兩位經濟學家總結實驗結果：「根據報告，在影印機上撿到硬幣，大幅提升了受試者的生活滿意度——顯然這並非收入效應（income effect）。」[2]

除了該如何衡量幸福感這個問題之外，還得考慮文化差異，像是一個文化如何看待幸福，甚至是否把幸福視為優點。有些文化和美國一樣重視正向的外在情緒，因為那似乎也意謂內在的快樂；不過有些文化比較看重嚴肅、犧牲，以及默默合作的精神。姑且不論幸福感有多難確定，從人文角度來看，商業買賣的活絡程度雖然決定了國內生產毛額高低，但幸福感的確比較適合用來衡量人民的福祉。

令人驚訝的是，心理學家在測量各國的幸福感時經常發現，就算在景氣蓬勃時，即便滿懷過度膨脹的正向想法，美國人仍然不是很快樂。最近有人綜合分析全球超過一百份的幸福感問卷，發現美國人只排在第二十三位，輸給了荷蘭人、丹麥人、馬來西亞人、巴哈馬人、奧地利人，甚至連應該悶悶不樂的芬蘭人也贏過美國人。[3]此外，下列這個徵兆或許還能看出美國人的壓力：在全球的抗憂鬱藥物市場中，美國人占了三分之二，而且抗憂鬱藥物剛好又是美國國內最常開立的藥物。沒人知道服用抗憂鬱藥物後，回答幸福感問卷會受到何種影響：會因為服藥而感到快樂嗎？抑或知道自己必須仰賴藥物才能感覺快樂，因而覺得不快樂呢？若沒有使用大量抗憂鬱藥物，美國人的幸福感排名可能會比現在低很多。

後來經濟學家試著用比較客觀的「福祉標準」來比較各國排名，把健康、環境永續性、提升地位的可能性等因素納入考量，結果美國排名竟然比用主觀的幸福感來衡量時更低。舉例來說，快樂星球指數（The Happy Planet Index）就將我國列為全球第一百五十名的國家。[4]

不管是自己定位的形象還是別人認為的刻板印象，我們都遠比別人「正向」，既然如此，為什麼我們不是全球最快樂、最優秀的民族呢？我想答案就是，正向態度並不能真切反映我們的狀態或心情，它只是一種意識形態，是我們解讀世界的方法，是我們認為該如何處世的方法。這種意識形態就是「正向思考」。我們所說的正向思考通常有兩種意思。第一種意思是指正向思考所產生的想法，也就是正向想法，這可以用下面這段話加以概述：深陷困境時，若能往好處看、化苦為樂，那麼你就會覺得眼前的情況非常美好，還會大幅改善。其實這就是樂觀，但不等同於希望。希望是一種心境，一種渴望，能不能感覺到希望，我們完全無法控制；而樂觀是一種認知態度，一種有意識的期待，透過練習，人人應該都能培養出樂觀的態度。

「正向思考」的第二種意思就是練習或訓練以正向角度來思考。專家說，學習正向思考是有實效的，不僅在理論上能讓人樂觀，實際上也確實能出現更多快樂的結果。只要發出期待，情況就會好轉。光想而已，怎麼會有這種效果呢？時下許多心理學家提出這樣的合理解釋：樂觀能改善健康、增加個人的辦事效能、自信與韌性，讓人更容易達成目標。還有一個比較沒道理的理論也在美國人的意識形態中蔓生。有人認為，人的思想會以神祕的方式，直接影響物質世界，負向思想會產生負向結果，正向思想則能產生正向結果，像是身體健康、生意興隆、功成名就。不管是根據合理或神祕的解釋，投入時間與心力學習正向思考是非常值得的，像是閱讀相關書籍、參加研討會學習正向的心理課程，或是獨自專心觀想渴望的目標，例如獲得好工作、找到心儀伴侶，或是世界和平。

美國人的正向思考核心有個令人擔心的地方：若「正向想法」是對的，若情況真的在改善，若世人越來越快樂富足，那何必費心在腦子裡練習正向思考呢？顯然原因就是，我們並沒有完全相信情況會自動好轉，學習正向思考只是要強加信念，讓人能面對與正向想法極度矛盾的情況。有人以導師自居傳授正向思考，包括各門各派的教練、教士、大師。他們說過，學習正向思考就像在學習「自我催眠」、「心理控制」或「思想控制」。換句話說，要學習正向思考，就得刻意欺騙自己，包括時時壓抑或阻擋「負向」想法，不要去想可能會發生令人不快的事。但是真正有自信的人，或欣然接受世界與命運的人，根本不需費功夫去審查或控制想法。正向思考是我們美國人的典型風格，還認為個人與國家的成就都與正向思考息息相關，不過這是因為極度缺乏安全感使然。

美國人並非一開始就熱衷於正向思考，是在建國數十年後，才有人組織團體、積極提倡。他們堅持，即便沒有根據，人還是得想辦法保持樂觀。在《獨立宣言》中，開國元勛以「生命、財產與神聖榮耀」對彼此起誓，他們知道無法在獨立戰爭中穩操勝算，知道自己是拿命在賭，光是簽署《獨立宣言》，他們就成了大英帝國的叛徒，而叛國可是死罪呢！後來在戰爭中，許多開國元勛犧牲了生命、失去了至親好友、損失了財產，但重點是，他們還是義無反顧奮戰到底。勇氣與正向思考是截然不同的兩件事。

十九世紀，眾多門派的哲學家、神祕學家、靈療師、中產階級女性，開始建立有體系的正向思考，吸收信徒。二十世紀，正向思考變成了主流，在民族主義這類強大的信仰體系中獲得接納，同時也成為資本主義不可或缺的一部分。

美國人很少談論美國民族主義，我們在談塞爾維亞人、俄國人與其他民族時，用「民族主義」這個詞，但卻認為自己擁有更加獨一無二與優越的民族意識形態，我們稱之為「愛國主義」。民族主義影響美國人有多深，由此可見一斑。美國是「世上最偉大的國家」，比任何國家都強大、民主、繁榮，技術發展也高人一等，這種信念一直以來都是美國民族主義的中心信條。重要宗教領袖，尤其是基督教右派的領袖，助長了這種自負的想法。他們認為美國人是神的選民，認為美國是神指派的世界領袖。當共產主義衰敗，美國以「唯一強權」之姿崛起時，這種想法獲得強烈支持。洞察敏銳的英國觀察家高佛瑞・哈吉遜（Godfrey Hodgson）曾撰文表示，美國自認為獨一無二，這種意識形態本來是「既理想又慷慨，甚至有點捨我其誰的意味」，但現在卻變得「無情傲慢了」。一九九八年，諾貝爾經濟學獎得主保羅・克魯曼（Paul Krugman）寫了篇文章，題為〈美國人愛吹牛〉（American the Boastful），批評美國人普遍自鳴得意，他告誡美國人，「若驕者必敗，美國必將一敗塗地。」[5]

不過，要把美國想像成「最優秀」或「最偉大」的國家，那可得用心正向思考才行。在軍事上，沒錯，美國在全球無人能敵，但在許多其他方面，早在二

○○七年經濟開始衰退前，就已經乏善可陳了。與其他工業化國家的兒童相比，美國的兒童在數學、地理等基本學科上，老是比別人無知。此外，美國兒童在成年前死亡或在貧困環境成長的比例也比較高。幾乎舉國皆知，美國的醫療體系已經「支離破碎」，基礎建設也日漸崩潰。美國在科技上失去了許多優勢，許多公司甚至開始把研發工程外包給他國。更糟的是，有些統計結果我們確實高居全球之冠，可是應該只會讓我們感到羞愧：囚犯占人口的比例最高、財富收入最不平均。此外，槍枝暴力與個人負債也讓我們苦不堪言。

正向思考因美國的民族自傲而強化，同時與資本主義建立了利益共生關係。資本主義和正向思考本來並無內在的關聯。在《新教倫理與資本主義精神》這本社會學經典名著中，馬克斯・韋伯提出的理論，至今仍具有洞見。他從新教喀爾文教派令人生畏的懲罰觀點，解釋資本主義的根源。喀爾文教派的教義要求大家晚一點享樂，抵抗一切享樂的誘惑，應該勤奮工作，累積財富。

早期的資本主義或許跟正向思考格格不入，但「後期」的資本主義（也可稱為消費者資本主義）就與正向思考意氣相投多了，因為個人欲求**不滿**和企業亟需**成長**，是消費者資本主義所仰賴的根基。消費者文化鼓勵大家渴望越多越好，像是轎車、豪宅、電視、手機、各式各樣的小玩意兒；而正向思考則隨時在一旁告訴大家，人人都該擁有更多，只要真心渴望擁有更多，而且願意努力去爭取，就能得到。在此同時，企業界競爭激烈，各家公司生產商品、也支付薪資讓人購買商品，它們除了成長，別無選擇，因為若不能穩定增加市占率與獲利，就可能被迫關門大吉，或遭大企業併吞。單一家公司或整個經濟體要永無休止地成長，當然是荒謬之論，不過正向思考卻讓這種論調聽似不無可能，甚至是注定如此。

此外，正向思考還能為市場經濟的殘酷面辯解：若樂觀是獲得物質成就的關鍵，若人能藉由訓練正向思考來獲得樂觀的看法，那失敗就沒藉口了。因此，正向思考的另一面，就是嚴厲要求個人負起責任：若公司倒了或工作丟了，那肯定是因為自己不夠努力，不夠堅決相信絕對會成功。經濟衰退，越來越多中產階級遭裁員，陷入財務亂流，於是正向思考宣揚者漸漸提高音量，批判負向態度：失望怨恨、萎靡不振是對人「有害的」，只會讓人「怨天尤人」。

但是正向思考不再只是企業界的苦力，默默為毫無節制的企業辯解、掩蓋企業的愚行。推廣正向思考已經成了一種產業，無止無盡地推出書籍、DVD

與其他產品，不僅聘僱無數員工擔任「人生教練」、「執行教練」或「勵志講師」，同時也延請專業心理學家擔任核心幹部來訓練這些講師。毫無疑問，正是因為中產階級對財務狀況日趨不安，市場才會需要這類產品與服務，但是正向思考這一行大發利市，是否能歸因於企業週期中的特定經濟趨勢或轉折，我不願妄下定論。綜觀歷史，美國一直以來都會提供生存空間給各種學派、教派、靈療師、蛇油商人，而且像正向思考這類有利可圖的產品很容易生意興隆。

二十世紀與二十一世紀交替之際，美國的樂觀似乎達到了狂熱的顛峰。柯林頓總統在二〇〇〇年最後一次發表國情咨文時，用勝利的語調稱頌：「現在我國經濟繁榮、社會進步，內無憂、外無患，這是史無前例的。」不過跟繼任者比起來，柯林頓看起來簡直就像憂鬱小生。小布希就讀預備學校時參加過啦啦隊。加油打氣無疑是美國人發明的，運動場上許多訓練與「激勵」，可以說都是源自加油打氣，如今已演變為宣揚正向思考了。小布希利用擔任總統這個機會，繼續重操加油打氣的舊業。他認為自己的工作就是要激起信心、消除疑慮、加強我們自滿自喜的態度。若要說他有反覆主張什麼論調，那肯定就是「樂觀」。六十歲生日那天，他告訴記者，他樂觀看待外交政策的諸多難題：「所有問題都會迎刃而解，這點我很樂觀。」他也不容許親信的顧問心存疑慮或猶豫。根據《華盛頓郵報》鮑伯・伍德華（Bob Woodward）的報導，前國務卿萊斯就不敢表達她所有的憂慮，她說：「總統就是要求大家要樂觀，他不喜歡悲觀、緊張過度、心存疑慮。」[6]

接著局勢就開始變糟了，雖然這並非意料之外，只不過美國官方認為局勢不可能變糟，認為情況很好，而且會更上層樓。柯林頓發表最後一次國情咨文時，宣稱美國處於史無前例的榮景。然而幾個月後，網路經濟的泡沫就破滅了；接著二〇〇一年九月十一日又發生恐怖分子攻擊事件。這些差錯暗示著，正向思考不僅無法保證最後一定會成功，而且還可能會降低避凶化吉的能力。社會學家凱倫・塞魯洛（Karen Cerulo）寫了本出色的書，書名叫《從沒料到：大家應該改變文化，做最壞的打算》（*Never Saw It Coming: Cultural Challenges to Envisioning the Worst*）。她從幾個方面來講述正向思考或她所謂的樂觀偏見，如何使人疏於防備、惹禍上身。舉例來說，《新聞週刊》（*Newsweek*）的記者麥克・賀西（Michael Hirsch）和麥克・艾西寇（Michael Isikoff）提出這樣的結論：「若把在二〇〇一年整個夏天失察的線索拼湊起來，似乎就能預言九月的可怕災難。」[7]塞魯洛也在書中加以引述這個結論。一九九三年恐怖分子就攻擊過世貿中心了；二〇〇一年夏天，不僅有許多警訊顯示恐怖分子可能以飛機發動攻擊，幾家飛行學校也有呈報主管機關，表示有可疑的學生，像是有學生「只想學駕駛飛機，卻不在乎如何讓飛機起降」。包括聯邦調查局、移民局、小布希、萊斯，沒有人去留意這些令人不安的線索，致使後來大家把錯歸因於「缺乏想像力」（failure of imagination）[1]。不過，其實當時國內是有強大的想像力在運作，大家想像著美國固若金湯，經濟蒸蒸日上，因此無法或不願去想像最壞的情況。

入侵伊拉克時，美國也瀰漫著這種魯莽的樂觀氛圍。領導人保證，美國人能像「走秀」一樣大搖大擺走進去，而當地人會歡天喜地、手捧鮮花來恭迎美軍。雖然有人警告說伊拉克人會起身抵抗，但領導人置之不理。同樣，卡崔娜風災也不是完全沒人料到。二〇〇二年，紐奧良的《時代小報》（*Times-Picayune*）刊登一系列獲頒普立茲獎的報導，警告紐奧良市的防洪堤無法抵擋四、五級颶風颳起的暴潮；二〇〇一年，《科學美國人》（*Scientific American*）雜誌也發出類似警告，

1 編註，美國九一一調查委員會認為美方最大的缺失在此，後來這個詞也專指沒有預見有跡可循的疏失。

指出紐奧良市的防災弱點。[8]甚至在颶風侵襲、堤防破裂時，華盛頓也沒有響起警報，以致當有一名駐紐奧良聯邦緊急事務管理署（Federal Emergency Management Agency, FEMA）官員嚇得發電子郵件給署長麥可・布朗（Michael Brown），通知他紐奧良市淹水、死亡人數不斷攀升、糧食短缺，但得到的回覆卻是布朗正在巴頓魯治市（Baton Rouge）的餐廳，一小時後才會結束用餐。[9]這到底是間接故意犯罪（criminal negligence），還是又犯了「缺乏想像力」的毛病呢？其實這是幾十年來美國人拚命自學正向思考技巧造成的，包括自動對令人心神不寧的新聞置若罔聞。

借用一下克魯曼的話，美國目前為止最大的「報應」，就是二〇〇七年的金融風暴以及接踵而至的經濟危機。各位在後面章節將看到，在二十一世紀頭十年的後期，正向思考無所不在，在美國文化中幾乎沒有人敢質疑。有些廣受歡迎的談話節目會提倡正向思考，像是「賴瑞金現場」與「歐普拉有約」；談論正向思考的書炙手可熱，像是二〇〇六年問世的《秘密》；美國成就出眾的福音派傳教士把正向思考當成神學理論；正向思考也在醫藥界找到一席之地，被當成佐藥，用於治療各種疑難雜症。正向思考甚至以「正向心理學」這門新興學科之姿滲透到大學內，有人開班授課，教人加強樂觀態度、培養正向感覺。正向思考的影響範圍不斷擴展，遍及全球，首先受到影響的是使用英語的國家，中國、南韓、印度等崛起中的經濟體，也很快就受到影響。

不過最熱烈歡迎正向思考的莫過於美國企業了，而這當然也成了它們全球性的業務之一。正向思考本身也成了一種行業，首要客戶就是企業。人們沉浸在「只要努力想，凡事都能成真」這樣的好消息中。處在二十一世紀交替的勞工，工時變長、福利變少，工作保障降低，正向思考對他們特別有用。不過這樣的意識形態對高階主管也有解放的作用，既然只要樂觀期待，好事就會一一實現，那何必去苦惱資產負債表和煩悶的風險分析呢？幹嘛擔心令人頭昏眼花的負債數字和有無能力依約還款呢？

我不是因為看不慣正向思考或內心對任何事感到失望才寫這本書，也不是抱持任何浪漫的想法，認為受苦才能使人有深刻體悟或高尚品德。我希望看到更多笑顏、擁抱、幸福，更渴望看到歡樂。我心目中的理想國，不只人人活得舒適、健康、安全（像是有好工作、醫療照護，諸如此類），也能盡情開派對、辦慶典，有更多機會在大街小巷歡喜跳舞。我認為的理想國是，只要能滿足基本物質需求，人生就是一場永無休止的慶典，在其中人人都能貢獻才賦。但是光憑祈願，無法昇華到那種喜樂的境界，我們得做好萬全準備，努力突破可怕的阻礙，不論是人為還是天降的困難，我們都得奮力突破，而邁向這個目標的第一步，就是治好正向思考這個大眾妄想症。

第一章

微笑面對人生，否則死路一條：癌症的光明面

Smile or Die: The Bright Side of Cancer

我第一次受邀加入正向思考陣營，是在人生最低潮時。在被診斷出癌症前，若有人問我屬於樂觀或悲觀，我肯定難以回答。不過事後證明，對於健康，我樂觀到簡直是自欺。在被診斷出癌症之前，我得過的病，只要控制飲食、運動、服用止痛藥，沒有治不好的，最嚴重的也是服用醫師開的處方藥就能痊癒了。所以當婦產科醫生對我的乳房X光檢查結果有點「擔憂」時，我毫不驚慌。有投保健康維護組織（Health Maintenance Organizations, HMOs）或其他健康保險的公民，五十歲後就可以定期進行癌症檢查。正因如此，我才會去做乳房X光檢查。當時我自認為不可能罹癌，因為我沒有醫學上已知的危險因子。家族裡沒人罹患過癌症；我很年輕就生孩子，而且還自己餵母奶；飲食均衡節制，經常運動。再說，我的胸部那麼小，長一、兩個腫塊，搞不好

身材會比較豐滿呢。婦產科醫生建議我四個月後再去做乳房X光追蹤檢查，我答應了，不過純粹是要讓她心安。

追蹤檢查那天，我有些日常工作要做，像是去郵局、超市、健身房，我以為只是順道過去檢查，很快就會結束。但在更衣室內，我害怕了起來。我竟然得做一些古怪的事兒，像是袒胸露乳，還在兩邊乳頭各貼上一個星形X光小貼片。更衣室是個陰森森的小房間，裡頭沒窗子，有一台乳房X光檢查儀。我第一次注意到裡頭還有更可怕的東西，讓我開始想像自己現在是什麼人、將會變成什麼人、之後會需要什麼。眼前盡是可愛與感傷的圖片及影印資料：一些粉紅絲帶的圖片；一張卡通圖畫，畫中有位女性的胸部被檢查儀器壓扁了；一首〈乳房X光攝影檢查頌〉（Ode to a Mammogram）；一張表單，列著「只有女人了解的十大要物」，像是大尺碼衣服與睫毛夾；逃不過眼皮的就是門右邊的一首詩，〈今天我為你禱告了〉（I Said a Prayer for you Today），上頭還畫著粉紅色玫瑰。

這項最根本的乳房X光檢查沒完沒了地持續下去，持續到上健身房的時間、持續到吃晚餐的時間（整體而言，這項檢查在我這輩子從沒停止過）。有時機器不靈光，胸部就給白壓了。不過X光機器通常都能正常運作，只是負責檢查的放射科醫師顯然發現了令人憂心的結果，但是她在遠處的辦公室，我看不見她，而她竟然連露臉來向我致歉或解釋的禮貌都沒有。我試著請技師加快檢查程序，但她只是露出專業而勉強的微笑，我猜若不是因為讓我受苦而過意不去，就是她早已知道我發現檢查結果後會難過。檢查程序就這樣重複進行一個半小時：機器把胸部壓扁、進行攝影；接著技師匆忙跑去請教放射科醫師，回來後再要求從不同角度攝影，以取得更可靠的影像。技師去找醫生的空檔，我就拿起《紐約時報》，連影劇版與房地產版等跟我毫不相干的新聞都讀完。我平常喜歡瀏覽一些談論防汗眼線和美好性生活的文章，但此刻我卻不想去碰專門為我準備的那一大堆女性雜誌。我在更衣室就被嚇到了，加上心頭越來越焦慮，因此覺得與女性有關的事物都帶著死亡的氣息。最後沒東西可讀了，除了一份免費的地方週報，但我卻發現分類廣告中深藏著比罹患重症更令我心神不寧的東西，那是一則「防治乳癌泰迪熊」的廣告，泰迪熊的胸口上還縫著一條粉紅絲帶。

我當時就像個不信神的人躲在散兵坑內禱告，心裡有股前所未有的渴望，宛如奢求般強烈。我好希望被鯊魚吞了、被閃電擊中、被狙擊手射殺或是發生死亡車禍，希望就這樣死得乾淨俐落。我默默祈求被瘋子亂刀砍死。任何死法都好，但求不要被粉紅色的感傷情緒給悶死。那隻泰迪熊就像那種感傷的化身，更衣室的牆上也散發出那種感傷的氣息。我不在乎死，但不想在死去時，得緊抱泰迪熊，臉上還露出淡淡微笑；聽再多哲理我都沒辦法接受這種想法。

隔天，院方來電告訴我乳房X光檢查結果，基於某種原故，我得接受全身麻醉，進行麻煩的切片手術。不過我仍舊沒有非常不安。面對切片檢查，我覺得自己就像遭誣告、被抓去浸豬籠的女巫，不過至少我能洗刷罪名。我打電話給孩子們，告訴他們我要去動手術，為了讓他們安心，我告訴他們，根據放射師的報告，百分之八十的腫瘤是良性的，若真有什麼東西出毛病，肯定也是那台嘰嘰嘎嘎叫的老舊乳房X光檢查機。

約莫過了十天，切片檢查結束後，我醒來時發現病床尾端有位外科醫生站在腳邊，沉重地說：「很遺憾，是癌症。」那時我才正式知悉罹患乳癌。由於藥物作用，我腦袋混亂，用那天剩下的時間才想清楚，醫生說那句話，最可惡的地方不是提到癌症，而是沒有提到我。醫生竟然沒有用我——芭芭拉——來指明誰得癌症，雖然我不是什麼響叮噹的人物，但好歹也是個有血有肉、會說話會活動的人。但醫生說「是癌症」的言下之意，好像癌症把我給取代了，就醫學上來說，我現在就是癌症了。

最後為了維持尊嚴，我要求親眼看看病理顯微鏡影像。要在那家小鎮醫院安排這樣的事並不難，因為裡面的病理科醫師剛好是朋友的朋友。我一九六八年在洛克菲勒大學取得的細胞生物學博士學位可能也幫得上忙（雖然已經生疏了）。那位病理科醫師個性爽朗，他叫我「親愛的」，請我坐在雙頭顯微鏡的一頭，而他則操控著另一頭，移動畫面中的指標。他說：「這些就是癌細胞，因為裡頭的去氧核醣核酸（deoxyribonucleic acid, DNA）過度活躍，呈現藍色。」大部分的癌細胞都排成固定不動的半圓形，活像擠在死胡同裡的郊區住宅。不過我也看到了我清楚知道自己不想看到的東西，那就是「排成單一縱隊」在行軍的細胞，這是癌細胞獨有的排列方式。照理，我應該記下這些「敵人」，記下那個畫面，這樣以後才能練習「觀想」殺手細胞、淋巴細胞、巨噬細胞痛宰那些敵人。

那些細胞排成一列列，活力充沛地跳著康加舞，要從胸部的荒僻處繼續向外占據淋巴結、骨髓、肺、腦。雖然理性來看，這些現象相當不利於我，但我卻十分著迷，畢竟那些細胞都是有我個人特質的狂熱分子啊！那些造反的細胞已經發現，在我們共有的停經身體內，自己攜帶的基因組（也就是我那些形式錯亂的重要基因物質）再也沒機會正常複製了，於是乾脆開始像兔子一樣大肆繁殖，希望有機會突破。

見過病理科醫師後，我對生物學的好奇心降到這輩子的最低點。有些女性在診斷後會花數星期或數月自行研究，弄清楚自己有哪些選擇，也不斷向不同醫生求救，評估可用的療法可能會造成什麼傷害。不過我研究幾小時就發現，乳癌患者的人生早就預先規畫好了。患者先和醫生商談，要進行乳房腫瘤切除術或乳房切除術。若選擇乳房腫瘤切除術，通常得再接受幾個星期放射治療。但是若切除時發現淋巴結已遭到入侵或「牽連」（這是比較委婉的說法），那麼不管是腫瘤切除術或乳房切除術，患者都得接受幾個月化學治療。這種介入治療就像用大錘子打蚊子一樣。化療藥劑不只會破壞與殺死癌細胞，正在分裂的普通人體細胞也會遭殃，像是皮膚、毛囊、胃黏膜、骨髓（骨髓是所有血液細胞的來源，包括免疫細胞）等部位的細胞。化療會導致毛髮脫落、噁心、口腔潰爛以及免疫抑制作用，還有許多人出現貧血。

上述這些介入治療根本毫無「療效」。一九三〇年代，乳房切除術是治療乳癌的唯一方式，到了二〇〇〇年，也就是我被診斷出乳癌那年，乳癌死亡率並沒有太大變化。一九八〇年代，化療成了治療乳癌的例行療程，雖然專家經常要病患相信化療有明確的優點，但事實卻完全不然。美國最知名的乳癌外科醫師蘇珊・樂福（Susan Love）博士表示，化療對還沒停經的年輕女性效果最好，可以讓十年存活率增加七到十一個百分點。不過多數乳癌患者都和我一樣，是已經停經的年長女性，對我們而言，化療只能讓十年存活率增加兩、三個百分點。[1]沒錯，化療或許能讓人多活幾個月，但卻也會讓人承受好幾個月的不適。

乳癌治療有段抗爭史。一九七〇年代，醫生仍採用乳房切除術，這種手術會使病人患處那一邊的乳房永遠失去功能。直到有積極人士為女性爭取健康，堅持使用比較不極端的「改良型」局部乳房切除術，醫生才改變做法。此外，本來醫生都是切片檢查後就直接進行乳房切除手術，過程中病患因為被麻醉，無法做任何決定。同樣地，直到許多女性提出抗議，醫生才改變做法。一九九〇年代曾短暫流行另一種療法，只要病患的癌細胞轉移，醫生就以高劑量的化療破壞所有骨髓，再移植骨髓加以取代，這種介入治療大大縮短了病人壽命。化學治療與放射治療之類的療法或許是現代最先進的醫療技術，不過在醫學史上，用水蛭來治病也曾是最先進的醫療技術啊！

儘管知道這些令人沮喪的事實（或者應該說略知一二），但是幾個星期下來，麻醉的作用使我頭腦昏沉，似乎失去了為自己辯護的能力。醫生與摯愛的家人親友都對我施壓，要我馬上採取行動，立刻殺死與清除癌細胞。於是我開始無休無止地接受檢查，包括骨骼掃描、檢查癌細胞有沒有轉移，還進行高規格的心臟檢查，確定我的身體狀況能否承受化療。自性和物性的界線、有機物質和無機物質的界線、我和物的界線，都因為所有檢查而變得模糊。那些有益的小手冊有解釋，抗癌人生展開後，我會變成綜合體，由有生命的與無生命的物質組成，移植的義乳取代了乳房、假髮取代了真髮。那以後我說「我」這個字時，指的是什麼呢？最後我陷入了不可理喻的消極攻擊心態，心想：「乳癌是醫生們診斷出來的，所以這是他們的寶貝，既然是他們發現的，就讓他們去治吧。」

當然，我可以賭一賭接受「另類」療法，龐克小說家凱西・阿克（Kathy Acker），以及女演員同時也是健身器材「大腿雕塑大師」的推銷人蘇珊・薩默斯（Suzanne Somers），她們就是這麼做。阿克在墨西哥接受一系列另類療法，一九九七年死於乳癌；薩默斯則因為注射用槲寄生釀製的藥物，登上八卦小報頭版。但是我從來就不崇尚「自然的事物」，也不相信「身體的智慧」。死亡是再「自然」不過的了。再者，我一直覺得，我的身體就像弱智的連體雙胞胎，連在我身後拖行，而且非常歇斯底里，只要接觸到日常過敏原或攝取到一丁點的糖，就會出現危險的過度反應。我寧可相信科學，即使得把這個愚蠢老舊的皮囊變成討人厭的小丑，我也甘願，我才不在乎這皮囊會嘔吐、發抖、腫脹，重要部位得任人宰割，手術後還會流出液體。這次遇到的醫師比較和藹可親、熱心助人，他能幫我處理這病。這位腫瘤科醫師願意幫我治療。癌症世界，我來了！

粉紅絲帶文化

幸運的是，凡經歷癌症的人都不孤獨。三十年前，前第一夫人貝蒂・福特（Betty Ford）、作家蘿斯・庫許納（Rose Kushner）、記者貝蒂・羅林（Betty Rollin）與其他罹患乳癌的病友代表還沒站出來之前，乳癌是可怕的祕密，患者只能默默忍受，死後在訃聞中委婉寫上「久病辭世」。「乳」這個字含有性徵與撫育的意思；「癌」

（cancer）這個字則會使人聯想到某種甲殼動物橫行霸道、吞噬食物。把乳、癌這兩個字湊在一塊，幾乎人人聽了都不寒而慄。然而，今日乳癌是文化場域裡影響最大的疾病，大過愛滋病、囊胞性纖維症、脊髓損傷，甚至大過奪走更多女性生命的疾病，像是心臟病、肺癌與中風。專門為乳癌設立的網站，粗略估計也有數百個。通訊期刊、支持團體就更不用說了，多不勝數。市面上也有許多以第一人稱寫成的相關書籍，甚至還有一本名為《乳癌》（*Mamm*）的月刊雜誌；它用高級銅版紙印刷，鎖定知識水準中上的讀者。美國有四個大型全國性的乳癌組織，其中財力最雄厚的是蘇珊科曼基金會（Susan G. Komen Foundation），領導人是共和黨贊助人南希·布林克（Nancy Brinker），她也罹患過乳癌。蘇珊科曼基金會每年會舉辦抗癌路跑大賽（Race for the Cure），吸引約莫一百萬人參與，其中多為乳癌生還者及其親友。該基金會的網站上具體而微地介紹乳癌公益文化，發布有關路跑的新聞，設置留言板，供病患分享抗癌經歷，發布提振心情、鼓舞人心的訊息。

我開始瀏覽相關網站時首先發現的是，並非所有人都用驚恐的心情看待乳癌。相反地，一般人認為正確的態度應該要開心，甚至有人認為應該要熱切渴望罹患乳癌。美國有兩、三百萬女性在接受不同階段的乳癌治療，在所有與乳癌有關的商品市場上，這些病患和焦慮的親人占了舉足輕重的地位。舉玩具熊的例子來說好了，我發現玩具熊有四種截然不同的系列或種類，分別為懷念熊「凱羅」、乳癌研究熊「希望」（綁著粉紅色頭巾，就像在遮蓋化療造成的禿頭）、「蘇珊熊」（以南希．布林克去世的妹妹蘇珊命名）、「向星星許願熊」（後兩者在蘇珊科曼基金會網站上的「購物中心」有賣）。

以粉紅絲帶為主題的乳癌產品多不勝數，玩具熊只是其中一小部分。服飾方面則有印著粉紅絲帶的運動衫、丹寧T恤、睡衣褲、女用內衣褲、圍裙、休閒服、鞋帶、襪子。飾品有粉紅色的萊茵石女用胸針、天使別針、圍巾、帽子、耳環、手鐲。居家飾品則有乳癌蠟燭、裝飾粉紅絲帶的彩色玻璃燭台、咖啡杯、吊飾、風鈴、夜燈；此外還有付款工具「乳癌治療支票」。當然，「讓人知道乳癌」，好過隱瞞並將乳癌汙名化，不過當友人誠摯建議我到這個空間「勇敢面對病死」時，我實在無法不去注意，它像極了購物商場。

我想這並不全然是老謀深算的商人為了私利在利用病人，有些以乳癌為主題的廉價飾品是病友生產的，像是設計雛菊覺醒項鍊（Daisy Awareness Necklace）等飾品的杰妮絲（Janice）。而且多數人都會把部分銷售所得捐出來資助研究乳癌。像是科羅拉多州極光市（Aurora）的維吉尼亞・戴維斯（Virginia Davis），她因為有朋友接受雙乳房切除手術而獲得靈感，設計出「懷念熊」。她告訴我，她認為自己的工作是在「抗戰」，不是在做生意。二〇〇一年我曾訪問她，當時她有一萬隻中國製的這款泰迪熊準備出貨，而且部分所得將會捐出資助抗癌路跑大賽。訪談中，我極其婉轉地表示，泰迪熊偶爾會使人感覺把患者當成小孩子。不管事實是不是如此，至少到目前為止還沒人抗議。她告訴我：「我經常收到客戶寄來的感謝函，上頭寫著『願上帝保佑妳，感謝妳為我們著想』。」

乳癌市場的女性色彩過於強烈，例如化妝品與珠寶特別多，有人認為這是在反映治療對病患外表造成嚴重影響。所有可愛與粉紅的設計都是用來激發正向想法，這點也是毋庸置疑。不過把病患當成小孩，這個隱喻就有點難以解釋了，這種設計不只出現在泰迪熊身上。麗比羅思基金會（Libby Ross Foundation）在哥倫比亞長老教會醫學中心之類的地方，發送大型購物袋給乳癌病患，裡頭裝的東西包括一支雅詩蘭黛芳香身體修護霜、一個深粉紅色緞質枕頭套、一小罐薄荷錠、一組三個的平價萊茵石手鐲、一本粉紅條紋「素描日誌」、一盒讓人看了頗不順眼的蠟筆。麗比羅思基金會的其中一位創辦人瑪拉・威樂（Marla Willner）告訴我，「蠟筆是和日誌一組的，是要讓人表達不同情緒與想法」；不過她也坦言自己從沒用過蠟筆書寫作畫。或許這樣做的目的是想讓患者回到和小孩一樣依賴，這樣患者才能調整到最合適的心態，以承受會毒害身體的漫長治療。不過也有可能是出自於某些盛行的性別意識形態，認定女性的人格發展受阻，天生無法完全發展為成人。男性被診斷出攝護腺癌後，絕對不會收到火柴盒小汽車這種禮物的。

不過我和喜歡抱泰迪熊的人一樣，亟需各種協助。我著了迷似的搜尋實用祕訣，像是如何應付落髮、如何選擇化療藥物組合、手術後該怎麼穿、覺得食物味道難聞時該吃什麼。可是我很快就發現，資訊實在太多了，根本無法有效吸收。有數以千計的患者發表自己的故事，從發現腫塊或乳房X光檢查結果異常談起，接著敘述痛苦的治療，然後停下來談論如何在家人、幽默、宗教中獲得支撐力量，最後幾乎每個人都會用樂觀的口氣來鼓勵驚恐的生手。有些故事只有一小段，那是為癌所苦的姊妹簡短記下的心潮起伏；有些故事幾乎把每小時的狀況記錄下來，詳述被剝奪乳房的化療生活：

二〇〇〇年八月十五日星期二：唉，我做完第四次化療了。今天頭真的好暈。好想吐，但卻吐不出來！我第一次這樣……若醒著超過五分鐘，就會開始冒冷汗，心臟狂跳。

二〇〇〇年八月十八日星期五：晚餐時非常想吐。服了些藥，吃了一碗在喬記超市買的蔬菜飯。雖然覺得既難聞又難吃，但還是吃了……阿瑞回家時買了幾罐科記甘露牌（Kern's Nectar）果汁，我正在喝。喝了果汁，胃好像舒服些了。

這類故事我看再多還是覺得不夠，既驚恐又著迷地持續讀著，想知道可能會發生的所有問題：引發敗血症、乳房移植物破裂、治療結束幾年後又嚴重復發、癌細胞「移轉」到重要器官、出現「化療腦」的症狀。（就是認知能力衰退。化療有時會伴隨出現化療腦的症狀，就短期而言，這是我最害怕的問題）我會拿自己和所有人比較，看到病情比較不危險的人，我會自私地感到不耐煩；看到已經到第四期的人（在影集《心靈病房》〔*Wit*〕中，罹患卵巢癌的主角解釋過：

「癌症沒有第五期。」），則會嚇得直發抖，不斷估算自己活命的機會有多高。

不過，儘管獲得那麼多有用的資訊，當我發現越多同樣身受乳癌所害的同胞，讀完越多她們的故事，我就越覺得孤單。我對乳癌以及現存的療法感到氣憤，但那些部落客與書籍作者似乎都沒有和我相同的感受。是什麼引發乳癌呢？為什麼乳癌如此常見？為什麼在工業化社會又特別常見呢？（專家認為，不到百分之十的乳癌是「不良」遺傳基因造成的，而且只有百分之三十被診斷出乳癌的女性有醫學界已知的危險因子〔像是高齡產子、太晚停經〕。醫學界曾短暫流行研究不良生活習慣，像是飲食油膩。不過研究後，醫學界認為，多數的不良生活習慣都與乳癌無關。因此，乳癌行動組織〔Breast Cancer Action〕之類的團體認為，應該將懷疑的焦點鎖定於環境中的致癌物質，像是塑膠、殺蟲劑〔例如DDT與PCB，雖然美國禁止使用這兩種殺蟲劑，但許多第三世界的國家仍在使用，而我們吃的農產品有些就是來自這些國家〕、逕流至地下水的工業汙染物。雖然目前尚未發現與人類乳癌明確相關的致癌物質，不過已經發現許多致癌物質會使老鼠罹患乳癌。在工業化國家，罹患乳癌的人不斷增加，從一九五〇年代到一九九〇年代，每年增加百分之一左右，這點進一步暗示乳癌可能與環境因素有關；另外，移居工業化國家的女性，罹患乳癌的比例迅速增加到與在工業化國家土生土長的女性一樣，這點也暗示乳癌與環境因素脫不了關係。）為什麼我們的療法不能區分不同種類的乳癌，或區分癌細胞與分裂中的正常細胞呢？在主流乳癌文化，很少人表達氣憤，沒有人提到可能導致乳癌的環境因素。除了癌細胞轉移的晚期乳癌之外，造成立即不適與疼痛的並非乳癌，而是「治療」。這是事實，但卻很少人討論。就整體氣氛而言，大家普遍樂觀。例如乳癌之友（Breast Friends）這個網站特別刊載一系列鼓舞人心的引言，像是「不要為了不會為妳哭泣的事物哭泣」、「我不能叫憂傷的鳥兒不要在我頭上盤旋，但我能阻止鳥兒在我的頭髮上築巢」、「努力用微笑面對人生困境」、「別等船來載妳……要游去搭船」。甚至連在相對之下比較不落俗套的《乳癌》雜誌中，也有專欄作家說，罹患癌症或接受化療時她並沒有埋怨，反而化療結束使她難過。她還幽默地表示，打算到腫瘤科醫師的診療室外紮營，以克服分離焦慮。在乳癌的世界，人人似乎都得正向思考，患者若覺得不快樂，甚至還得道歉。例如，「長期預後不樂觀」的露西在「breastcancertalk.org」這個網站上自述時，開門見山就告訴大家，她的故事「充滿歡樂與希望，雖然這不尋常，但卻是真的」。

就連「受害者」這個詞也禁用，這樣一來就沒有名詞可以用來形容得乳癌的女性了。在愛滋病運動中（乳癌行動主義有部分就是以愛滋病運動為典範），「病患」和「受害者」這兩個詞由於帶有自憐與屈服的意味，因此有人認為它們有歧視的意思，違反「政治正確原則」。於是我們都改用動詞，對於正在接受治療的人，我們說她們正在「抗戰」或「奮戰」，有時會加上「勇敢」或「全力」來加強修飾，這類文字能讓人想起凱薩琳・赫本（Katharine Hepburn）迎風的面容。治療結束後，抗戰者就成了「生還者」，在我那個地區，支持團體裡的女性就是這樣自稱，我們像匿名戒酒聚會一樣，彼此分享奮戰故事，歡樂地建立「生還者情誼」：「嗨，我叫凱西，我是抗戰三年的生還者。」在我參加的那個支持團體中，大家還蠻互相支持的。但據說有些女性在癌症轉移，確定無法晉升為「生還者」後，就被趕出支持團體。[2]

有的人無法繼續生還，與每年超過四萬名美國女性一樣死於乳癌，對於她們，我們同樣不用名詞，而是說她們「戰敗了」，還會在抗癌路跑大賽中拿著她們的照片緬懷她們。她們是我們失去的勇敢姊妹、是戰死沙場的戰士。正向思考文化已經在乳癌世界中成長茁壯，不過在這種勢不可擋的正向思考文化中，殉難烈士微不足道，值得大家不斷獻上敬意、給予喝采的是「生還者」。美國癌症協會曾出資贊助，在我們鎮上舉辦「生命接力賽」(Relay for Life)。在活動中，用來緬懷死者的紀念物非常小。接力賽跑道上排著一列列紙袋，每個紙袋大概剛好裝得下一份漢堡薯條，紙袋上頭寫著死者姓名，裡頭有根蠟燭，天黑後接力賽正式開始時會點燃。不過場上的明星是跑者，也就是「生還者」，她們就是活生生的證據，證明了乳癌根本沒那麼可怕。

擁抱癌症

在乳癌文化的歡樂氣氛中，不僅看不見氣憤，甚至經常鼓勵用正向態度擁抱乳癌。像是病友瑪莉在「乳房之友」(Bosom Buds)的留言板上寫道：「我真的認為我現在比以前細心體貼多了，有意思的是，我以前真的是杞人憂天。現在我不想浪費精力去擔心，我現在更熱愛生命了。在很多方面，我覺得比以前快樂多了。」安蒂也說：「雖然今年是我人生中最艱困的一年，但在許多方面也獲益良多。我擺脫了精神包袱，與家人重修舊好，認識了許多好人。我不僅學會好好照顧身體，好讓身體能照顧我，我也重新排列了人生任務的優先次序。」《華盛頓郵報》引述辛蒂．契瑞（Cindy Cherry）的下列這段話，更是有過之而無不及：「若人生能重新來過，我會想要再得乳癌嗎？當然要，現在的我和以前不一樣。我很高興我變了。錢再也無足輕重了，在癌症經歷中，我遇見了人生中最重要的人，現在我認為只有朋友家人才是重要的。」[3]

《歷癌重生》（*The First Year of the Rest of Your Life*）這本書收錄了多篇簡短的故事，由南希．布林克寫序，部分版稅捐給蘇珊科曼基金會。書中全是下列這類見證，高談乳癌有救贖的力量：「說真的，現在是我這輩子最快樂的時候，甚至比還沒得乳癌時更快樂。」、「乳癌給了我一記當頭棒喝，讓我重新思考人生。」、「我變得更堅強了，對於事情的輕重緩急有了新領悟。」[4]完全沒人抱怨失去時間、對性的信心受創、切除淋巴結與放射治療造成長期手臂無力。尼采說過：「凡摧毀不了我的，將讓我更堅強。」我把這句話稍微改了一下，很適合作為那本書的主旨：「凡摧毀不了妳的，將使妳蛻變成長，讓妳更勇敢。」

《紐約時報》的健康專欄作家珍．布羅迪（Jane Brody）在二〇〇七年寫了篇文章，如實反映了這種幾乎所有人都樂觀看待乳癌的現象。[5]她同意乳癌與所有癌症都是有害的：「癌症不僅會引發嚴重的身心痛苦，還會持續破壞身形，最後甚至會致死。」但那篇專欄的大部分，簡直就是在歌頌癌症有提振人心的效果，尤其是乳癌。她引述睪丸癌生還者單車選手藍斯．阿姆斯壯（Lance Armstrong）的話，說：「癌症是我這輩子經歷過最美好的事。」除此之外，她還引述某位女性的主張：「乳癌讓我浴火重生，經歷過乳癌，我才能打開視野，看見生活的樂趣。現在我看見的世界，比我罹癌前選擇去看的世界更加遼闊……乳癌使我學會用純潔無瑕的心去愛。」貝蒂．羅林是最早公開罹患乳癌的幾位女性之一，曾獲邀去見證「最重要的快樂泉源就是癌症」，宣稱她的人生之所以如此美好，與癌症息息相關。

最極端的說法莫過於乳癌一點也不是問題，甚至不討人厭，相反地，乳癌是「禮物」，得到乳癌的人該由衷感激。有位病友康復後成為作家，讚頌乳癌蘊含啟示力量，在《癌症的禮物：振聾發聵的呼喚》（*The Gift of Cancer: A Call to Awakening*）這本著作中寫道：「癌症是門票，能讓人體驗真正的人生；癌症是護照，能讓人前往真正想過的生活。」若看完這段話，各位還不想去注射活生生的癌細胞，就接著看她的堅決主張：「癌症會帶領你尋著上帝，我再說一次，癌症是連接你與神的管道。」[6]

一切正向思考的目的，就是要將乳癌變成一種儀式，也就是說，我們不應該對乳癌破口大罵，視它為不公平的境遇或悲劇，而應該將它當成人生週期中尋常的里程碑，就像停經或當祖母一樣。主流乳癌文化都試圖柔化與正常化乳癌，這樣的現象是大家不小心造成。或許診斷結果很慘，但患者還是可以去購買討喜的粉紅色萊茵石天使別針，或訓練自己參加路跑。心情分享文章與實用祕訣多如牛毛，雖然我認為那些交流資訊非常有益，但字裡行間不免暗示患者不僅要接受乳癌，面對治療時，也要接受當下流行的愚蠢粗俗做法。有人說，光是去比較迷人的頭巾，就會讓人忙到忘了問化療是不是真的有效。若把乳癌看成儀式，那它就像成年禮。宗教學家米爾恰．伊利亞德（Mircea Eliade）對成年禮研究得極其透徹：首先要篩選合格的成員，部落的篩選依據是年齡，乳癌則是以乳房X光檢查或觸診的結果為依據。接著就少不了嚴峻的考驗，在傳統文化中，入會者得紋身、烙印或行割禮，癌症病患則得接受手術與化療。最後，入會者就會獲得較高的新身分，像是成人或戰士，而癌症病患則是成為「生還者」。

在美國的乳癌文化中，樂觀的氣氛無法減緩，大家普遍認為乳癌不只有讓心靈昇華的這個無形優點，還能對抗無可避免的外形破壞，若能生還，患者會變得更美麗性感、更有女人味。腫瘤科護士和生還者告訴過我一些乳癌的傳說，她們說化療能減肥，並使肌膚變得光滑緊實。此外，頭髮長回來後會變得更濃密柔順、更容易梳理，還會長出驚人的新髮色。雖然這些可能都是沒根據的理論，但病患若願意遵循，就能獲得很多改善自己的機會。美國癌症協會提出「外表美麗、心情開朗」這項計畫，「旨在教導女性癌症患者美容技巧，在治療癌症期間，幫助她們恢復外貌與重建自我形象」。每年有三萬名女性參加，每人都能免費獲得一袋化妝品，捐贈單位是化妝品產業的貿易協會「化妝品、盥洗用品、芳香用品協會」（Cosmetic, Toiletry, and Fragrance Association）。那麼遭切除的乳房怎麼辦呢？何不先進行乳房重建手術，接著再把兩邊乳房調整到自己滿意的模樣。每年有超過五萬名接受乳房切除手術的病患進行乳房重建手術，在整型醫師力勸下，通常其中的百分之十七會繼續接受其他手術，讓沒有切除的乳房與另一邊比較尖挺或比較大的新乳房「相稱」。

並非人人都喜歡用化妝整型來自欺欺人，要戴假髮還是露出光頭？要重建乳房還是不要遮掩傷疤？這個問題明確點出了乳癌文化中少數真正意見不一的爭論。比較前衛、鎖定中上階級讀者的《乳癌》雜誌（文學評論家伊芙．科索夫斯基．塞奇威克〔Eve Kosofsky Sedgwick〕曾擔任該雜誌的專欄作家）傾向支持「自然的」外表，認為乳房切除手術的傷疤很「性感」，禿頭也是值得讚美的。該雜誌有篇封面故事報導幾位女性認為，「禿頭不單代表失去，也代表機會，能利用這個機會縱容自己，盡情展現調皮的一面……用嶄新的方式接觸最真的自己。」第一位女性在頭皮上用暫時性的刺青畫上和平符號、黑豹和青蛙；第二位女性用色彩搶眼的紫色假髮來表達自我；第三位女性表示，未加裝飾的禿頭讓她覺得「性感，充滿活力，而且能在嶄新的每一天尋找樂趣」。不過這篇報導並不是在向選擇用假髮或頭巾來掩飾健康狀況的人表達怨恨，《乳癌》告訴讀者，這只不過是在表達每個人「審美觀不同」。有些人對粉紅絲帶情有獨鍾，有些人偏愛「雷夫羅倫粉紅小馬」（Ralph Lauren Pink Pony）乳癌主題商品，不過所有人一致認同，乳癌讓人有機會發揮創意改造自己。事實上，這可是改頭換面的機會喔。

乳癌文化就像個無縫接合的世界，裡頭網站互相連結，從個人網站與民間組織，到鋪張華麗的企業贊助商和知名發言人，所有網站都必須表達出愉悅氣氛，提出異議就是背叛。在這個緊密交織的世界，大家會在不知不覺中調整心態，有疑慮的人會慢慢迷途知返，接受大家共同的信念。舉例來說，在《歷癌重生》中，每篇心情分享之後都有問題討論或解答疑惑，以消除文章中的任何負向暗示，不過文章中的負向暗示極其微弱，因為那本書根本沒有收錄破口大罵、怨天尤人、激進火爆的文章：

> 妳曾承認感到焦慮或憂鬱嗎？妳曾為了讓情緒平和而去求援嗎？妳在生活上是否有尚未解決的內在衝突呢？妳是否想對什麼事進行「健康的發洩」呢？
>
> 請將「今天發現的好事」記下來。[7]

我做了個實驗。我在「komen.org」的留言板上發言，以「生氣」為標題，簡短列出怨言，包括化療使我渾身無力、保險公司堅持不理賠、環境中有致癌物質等，其中最大膽的怨言就是「粉紅絲帶真是愚蠢的東西」。我跟保險公司爭論，因為對方認為我沒有必要做那麼昂貴的切片檢查，在這件事上，有些人留言鼓勵我，不過在其他問題上，大部分網友都異口同聲譴責我。網友蘇姬說：「我真的不想說出口，但妳面對這一切的態度的確很糟糕，這對妳一點幫助也沒有。」網友瑪莉比較有耐心，寫說：「小芭，在人生的這個關頭，妳必須把精力用在對的地方，想辦法活得更平靜、更快樂。罹癌確實討人厭，沒有人能回答為什麼我們會罹癌。不過，不論還能再活一年或五十一年，若活在憤怒與痛苦中，那真的是浪費生命啊……希望妳的心情能平靜些，妳應該好好享受平靜的生活。我們都應該如此。願上帝保佑妳，關愛妳。妳的姊妹，瑪莉。」

然而，網友凱蒂認為我瘋了，她說：「妳得快去找人諮商，越快越好……拜託，趕快去求救，我會請所有網友幫妳祈禱，希望妳能活得充實。」唯一聲援我的人是潔麗，她經歷過所有治療，現在已經到了末期，只剩幾個月可活，她說：「我也很生氣，我氣那些募集來的錢，我氣那些生還者的笑臉，那些生還者把罹患乳癌說得好像無傷大雅似的——實際上傷害可大了！」不過潔麗的留言和其他留言一樣，都發表在一個不經意帶著嘲弄意味的標題下：「成為乳癌生還者是什麼意思？」

保持快樂的「科學」論據

我發現，微笑接受癌症是有重要醫學論據支持的。理論上，病患要復原，「正向態度」不可或缺。我在進行化療的那幾個月，網站、書籍、腫瘤科護士、罹癌同胞都再三告訴我，能否生還，取決於「態度」。八年後，這句話仍是乳癌文化中的格言。有研究發現，在接受過乳癌治療的女性中，百分之六十把生還歸功於正向態度。[8]在書籍、刊物與網站上，患者經常以保持這種據說能救命的心態為豪。一位名叫雪莉．楊的女性寫了篇文章，標題為「正向態度能助女性擊敗癌症」。她在文章中寫道：「抗癌的關鍵就是保持正向態度，我從一開始就遵守這個原則。」[9]

各門各派的「專家」提出一個聽似有理的解釋，說明保持愉悅會有哪些救命功效。例如最近有電子雜誌刊載一篇文章，題為「預防乳癌的訣竅」（讀者看到「預防」乳癌這種想法就該有所警覺了，因為世人根本還不知道如何預防乳癌），提出下列建議：

現在已有證據證明，正向的樂觀態度能降低罹癌風險。許多人會認為這聽起來很驚人，不過，有幾項醫學研究已經證明，正向態度與改善免疫系統確實有關聯，我想這樣的解釋就夠了。經過證明，歡笑與幽默確實能增強身體免疫力、預防癌症與其他疾病。各位肯定聽過「快樂的人不生病」這句口號吧。[10]

難怪我那篇「生氣」的留言，會在蘇珊科曼基金會的網站引起那麼嚴重的驚恐。回應我的人無疑相信，正向態度能增強免疫系統，使我們能更有效對抗癌症。

各位在閱讀時，大概經常會看到那樣的主張以不同的遣詞用句出現，次數多到你讀過後，根本不會花時間去思考有關免疫系統的問題。什麼是免疫系統？情緒可能對免疫系統造成什麼影響？若免疫系統真能與癌症搏鬥，那它到底如何進行？免疫系統的職責就是捍衛身體，防止身體受到微生物之類的外來物入侵。免疫系統在防禦時，會用細胞與一系列不同的分子武器，對外來入侵者發動大規模猛烈攻擊。免疫系統的動員工作極其複雜多變：所有主要種族與支族的細胞會聚集在感染處，帶著自己的武器，就像電影《納尼亞傳奇》中匆忙組成的軍隊一樣；有些戰士細胞會先把一桶桶毒物扔向侵略者，接著再進攻；有的細胞則在一旁用化學物質調製而成的蘇打水酒，提振同袍的戰力；在身體內，領頭的戰士是巨噬細胞，它們會包圍獵物，用自己的「肉身」包住獵物，然後消化掉它。無巧不成書，我的博士論文主題剛好就是巨噬細胞。巨噬細胞體形大，能移動，長得像阿米巴變形蟲，能活數月，甚至數年。戰鬥結束後，巨噬細胞會將入侵者的資料傳給其他細胞，使其他細胞產生抗體，好讓身體下次遭入侵時，能加快防禦。此外，巨噬細胞不只會吃掉被擊敗的入侵者，還會吃掉陣亡的戰友。

免疫系統極其複雜，容易讓人一頭霧水，幾十年來使許多研究生蹲在實驗室裡埋頭研究，因此絕對不是輕易就能懂的。有些入侵物，像是結核桿菌，會騙過免疫系統，穿透人體組織細胞，在細胞裡頭開工幹活。結核桿菌躲在裡頭，免疫細胞就找不到了。最讓人頭痛的是，人類免疫缺陷病毒（Human Immunodeficiency Virus, HIV Virus）專挑某些免疫細胞攻擊，使人體變得幾乎毫無防禦能力。此外，有時免疫系統會失常，攻擊身體組織，造成「自體免疫」疾病，像是狼瘡、類風溼關節炎，甚至可能導致某些類型的心臟病。免疫系統或許不完美，這個細胞防禦系統看似毫無章法，但它可是人類和微生物敵人歷經數百年軍備競賽演化出來的呢。

一九七〇年代，有人發揮想像力，把免疫系統、癌症、情緒這三者連結起來。壓力過大會使免疫系統的某些功能降低，人們發現這點已有一段時間了。知名的壓力研究專家漢斯・塞利（Hans Selye）在一九三〇年代做過實驗，發現實驗室的動物長時間遭受折磨，健康狀況會變差，抵抗疾病的能力會降低。有人因此推論正向感覺與壓力相反，能強化免疫系統，是促進健康的關鍵，不論受到微生物或腫瘤威脅都有效果。這樣的推論顯然有欠周全。

早期主張這種見解的暢銷書之一就是《康復》（*Getting Well Again*），作者是腫瘤科醫師卡爾・西蒙頓（O. Carl Simonton）、在書中自稱「激勵顧問」的史蒂芬妮・馬修斯－西蒙頓（Stephanie Matthews-Simonton）和心理學家詹姆斯・奎頓（James L. Creighton）。他們深信免疫系統能擊敗癌症，認為人體內必須出現異常細胞，加上身體的正常防禦系統受到壓制，才會罹癌。[11] 什麼東西會壓制防禦系統呢？當然是壓力。西蒙頓夫婦力勸癌症病患乖乖接受醫生指定的治療，並暗示調整心態也同樣重要，病患必須去克服壓力，抱持正向的信念，觀想正向的心象。

繼西蒙頓夫婦的書之後，一九八六年外科醫生伯尼．西格爾（Bernie Siegel）寫了更加極端的《愛、醫藥、奇蹟》（*Love, Medicine, and Miracles*），提出這樣的觀點：「只要不受干擾，強而有力的免疫系統就能戰勝癌症，而且若越接受自我、越感到滿足，就越有助於維持強而有力的免疫系統。」[12]這麼說來，罹癌確實是三生有幸，因為癌症能強迫受害者採用更正向、更關愛的觀點去看世界。

不過證明正向態度有療效的研究在哪呢？書中的研究會是抄來的嗎？史丹佛大學的精神病學家大衛．史畢格（David Spiegel）心存懷疑。他一九八九年就開始駁斥這種普遍流行的、認為態度能戰勝癌症的信條。訪談時他告訴我：「伯尼．西格爾說人是因為需要癌症才會得癌症，我實在很討厭聽見這種話。」不過，令史畢格驚訝的是，他自己的研究顯示，支持團體的乳癌病患（比起獨自面對乳癌的病患，支持團體的病患心態應該比較正向），比對照組的乳癌病患活得更久。發現這樣的結果後，史畢格立刻中斷研究，當下認定每個病患都應該獲得支持團體的幫助。於是這個信條就這樣獲得了證實，我被診斷出乳癌時，大家還是堅信不移。

這個信條有哪些吸引人的地方？第一，主觀感覺與乳癌有關，這種想法能讓病患有事可做，不用再被動等待治療發揮作用。病患對自己有工作可以做。病患必須監控情緒，還要發動心靈能量供細胞打仗。按照西蒙頓夫婦的法子，病患每天得花點時間，把像蟲一樣的細胞在打仗的畫面畫成類似卡通的草圖。病患若無法把癌細胞畫成「不堪一擊、方寸大亂」、把身體的免疫細胞畫得「驍勇善戰、積極進攻」，就會一步步走向死亡，那時就得做更多彌補的工作。[13]同時，這個信條也增加了癌症研究與醫療產業的工作機會，業界不僅需要外科醫師和腫瘤科醫師，還需要行為科學家、治療師、激勵顧問以及主動積極的勵志書作家。

然而進一步研究後，就會發現這個信條經不起考驗。史畢格一九八九年的研究顯示支持團體具療效，但一九九〇年代卻有大量研究推翻先前的結論。史畢格在第一次研究中發現女性的生還機率高得嚇人，但後來證明那純屬僥倖。接著，在二〇〇七年五月出刊的《心理學期刊》（*Psychological Bulletin*），詹姆斯・克尼（James Coyne）和兩名共同作者，針對心理治療對癌症的可能療效徹底檢閱所有的文獻，想證明支持團體之類的心理治療有助於病患提振心情、降低壓力。但克尼和兩名共同作者卻發現，現有的文獻牽涉到許多「地域上的問題」。[14]事實上，心理治療幾乎毫無正向效果。幾個月後，史畢格親自領軍的團隊在《癌症》（*Cancer*）這本期刊中表示，支持團體完全無助於提高生還機率，這等於徹底否定了自己先前的研究結果。心理治療與支持團體或許能提振心情，但完全無助於戰勝癌症。克尼在研究摘要中說：「若癌症病患想接受心理治療或參加支持團體，應該給他們機會，這麼做對情緒與社交很有幫助，不過病患不該單純因為企盼延長生命而去嘗試這種體驗。」[15]

二〇〇九年初，我問克尼，科學界是否依舊存有偏見，認為情緒與癌症生還率有關，他回答：

> 美伊戰爭時有人大加贊許，容我借用一個用來形容當時現象的詞，我認為科學界存在「同流合汙」的現象。心理會影響生理這種想法非常有趣，而行為科學家就藉此來分一杯羹。這種理論可是攸關許多研究癌症的補助金呢，因此行為科學家們緊抓不放。不然他們還能貢獻什麼來抗癌嗎？研究

> 如何叫人使用防曬乳液嗎？那才不誘人呢。

他認為這種偏見在美國格外嚴重。在美國，心存懷疑的人容易遭排擠。「我要到歐洲公開演講比在美國容易多了。」他這麼告訴我。

那鼓勵病患去觀想免疫細胞與癌細胞英勇奮戰，又是怎麼一回事呢？一九七〇年，知名的澳洲醫學研究員麥克法蘭・伯內特（McFarlane Burnet）提出這樣的理論：免疫系統隨時在「監控」癌細胞，一旦發現癌細胞，就會加以殲滅。免疫系統真的全力在消滅癌細胞，直到耗盡氣力、無力消滅亂黨為止（比方說，壓力過大造成免疫系統衰竭）？在還沒驗證前，我們光從推理至少就能發現這個假設有個問題：癌細胞和微生物不一樣，癌細胞不是「外來的」，是一般組織細胞突變而成的，免疫系統不一定能辨識出癌細胞就是敵細胞。誠如最近《臨床腫瘤學期刊》（*Journal of Clinical Oncology*）上某篇評論所言：「首先，我們必須記得，免疫系統的功能是偵測外來入侵物，並且避免傷害到體內細胞。除了少數例外，免疫系統似乎不認為體內的癌細胞是外來物，因為癌細胞確實屬於體內的細胞。」[16]

更重要的是，除了由病毒引起的癌症以外（病毒才真的是「外來物」），根本沒有可靠的證據能證明免疫系統會對抗癌症。免疫系統因為免疫缺陷病毒而衰竭的人，或免疫系統有缺陷的動物，並不會特別容易罹癌，這跟「免疫監控」理論的推測不符。況且，若免疫系統在對抗癌症上真的那麼重要，那麼用化療來治療癌症也不太合理啊，因為化療會抑制免疫系統。再者，至今還沒有人發現如何用化學藥劑或生物藥劑來加強免疫系統、治療癌症。在腫瘤生長處經常可發現巨噬細胞之類的免疫細胞叢聚，但免疫細胞不一定都是在做有益的事。

最近有研究顯示，巨噬細胞甚至會窩裡反，這讓曾經是細胞免疫學家的我，極度震驚沮喪。有時巨噬細胞不但不會殺死癌細胞，反而會釋放生長因子，並且確實會刺激腫瘤生長。我們可以養出極度容易罹患乳癌的老鼠，不過這類老鼠一開始長出來的腫瘤，若沒有巨噬細胞跑到腫瘤生長處，是不會變成惡性腫瘤的。[17]二〇〇七年，《科學美國人》雜誌有篇文章，充其量也只提出這樣的論斷：「免疫系統作用時就如同雙面刃……有時會加重癌症，有時會阻撓癌症惡化。」[18]兩年後研究人員發現，另一種免疫細胞「淋巴細胞」也會加速乳癌擴散。[19]想像英勇的免疫細胞與癌細胞抗戰，其實這樣的「觀想」把真正的劇情給漏了：誘惑、私相授受，還有背叛。

若繼續用擬人化的角度來看，我們會發現，巨噬細胞與癌細胞有個有趣的相似處：與身體其他細胞相比，兩者都極度獨立自主。尋常的「好」細胞會盲目聽從身體的獨裁要求：心臟細胞永不停歇地收縮，維持心臟跳動；腸壁細胞無私地將自己也想攝取的養分傳遞給其他細胞。但是癌細胞卻違抗命令，像獨立的有機生物一樣繁殖起來；而巨噬細胞天生就是不受拘束的冒險家，活像體內的傭兵。至少，這兩種細胞的存在方式能提醒大家，人體從某些方面來看比較像鬆散不穩的細胞聯盟，比較不像我們所想像的那種謹守紀律、整合良好的部隊。

還有，從演化的觀點來看，為什麼身體就應該有法子對付癌症呢？為什麼人擺脫恐懼與負向想法時，身體就應該能「自然療癒」呢？事實上，癌症比較容易侵襲超過生育年齡的人，而這些人在演化上根本無足輕重。人類免疫系統的演化目標是對付細菌與病毒，現在也已經能成功幫助年幼的人抵禦麻疹、百日咳、感冒等疾病。得癌症的人可能都已經完成傳宗接代的任務，膝下有兒女了。

有人會說，正向思考不會有害的，況且對於飽受折磨的人，甚至可能是好事啊。若一個快要死的人，熱切渴望最後能獲得寬恕，或者一個接受化療、頻頻作嘔的禿頭病患，期待癌症的經歷能使生命更加充實，有誰不希望這些人樂觀嗎？心理學家實在沒有能力協助治療癌症，因此只好找法子加強這類對癌症的正向感覺，他們稱為「尋找優點」(benefit finding)。[20] 現在已經有人設計了「尋找優點」量表，並且發表了許多文章，討論有助於產生正向感覺的介入治療。若病患無法指望康復，至少該將癌症視為正向的經驗。有人把這樣的想法也運用到其他類型的癌症。例如，攝護腺癌研究學者史蒂芬．史傳（Stephen Strum）曾寫道：「說來各位或許不信，但是罹患攝護腺癌確實是個良機……罹癌是條道路，是個典範，能指引患者透過與人互動來自助與助人。若能做到，患者就能發展出更加崇高的人格了。」[21]

但是，美化癌症非但無助於提振情緒，反而可能得付出可怕的代價。第一，要美化癌症，就得否認一般人能理解的感覺，像是憤怒與恐懼，必須將這些感覺全藏到歡樂的表面下。對於醫療工作者與患者的朋友，要這麼做簡單多了，因為他們可能寧願故作開心，也不要怨天尤人；但是這對患者就不是那麼容易了。兩位研究「尋找優點」的學者表示，合作過的乳癌患者頻頻提到，就算有人好意鼓勵她們去尋找優點，她們也會認為這樣做是不恰當的，因為對方並沒有顧及她們的感受。患者幾乎都認為，尋找優點這種做法令人反感，目的只是想儘量減少那些無法逃避且難解的重擔與困境。[22]二〇〇四年有項研究結果與正向思考的信條完全矛盾：相比之下，從癌症中發現較多優點的女性，「生活品質往往較低，連心理功能也較差」。[23]

此外，要照別人的期許保持樂觀的樣子也得花功夫。我們不能再說這麼做有助於延長壽命了。我們來看看一位女性的例子。她寫信給狄巴克·喬布拉（Deepak Chopra）說乳癌擴散到骨頭與肺了：

> 我乖乖接受治療，努力擺脫有害的感覺，也有了長足進步。我原諒了所有人，改變了生活方式，開始冥想、祈禱、飲食適當、做運動、吃補品，但癌症還是不斷復發。
>
> 我有漏掉什麼訓誡嗎？不然癌症為什麼一直復發呢？我很正向，深信自己會打敗癌症，但每經過一次診斷，就越難維持正向態度。

她盡全力了，冥想、祈禱、原諒，都做了。不過，顯然還不夠努力，因為喬布拉回覆說：「就我看來，妳做的都對，有助於康復。但妳得繼續做，直到癌症永遠消失為止。我知道病情大幅改善後再度復發很令人沮喪，不過有時癌症真的非常惡毒，妳必須全力奮戰、堅持到底才能戰勝。」[24]

不過在癌症照護這一行，也已經有人開始公開批評敝人所謂的「正向思考橫行」。二〇〇四年有項研究發現，肺癌病患保持樂觀根本無助於生還，主要作者潘尼洛．司高飛（Penelope Schofield）寫道：「若鼓勵樂觀會使病患誤認為樂觀有助於生還，因而隱藏憂傷，那我們就該質疑鼓勵樂觀是否有用……當病患整體感覺悲觀時……就必須讓病患了解，這類感覺是健康的，是可以接受的。」[25]

許多心理學家主張壓抑情感是有害的，關於這點我不是那麼肯定，但毫無疑問，當正向思考「失敗」、癌症擴散、治療無效時，就會引發問題，屆時病患就只能怪自己：我不夠正向，甚至一開始引發癌症的就是我的負向態度。此時若再勸患者正向思考，那麼就如同腫瘤科護士星希亞．李敦勃（Cynthia Rittenberg）所寫的：「會讓已然心力交瘁的患者更增煩惱。」[26]紐約斯隆凱特林癌症中心（Memorial Sloan-Kettering Cancer Institute）的精神科醫師吉米．霍蘭（Jimmie Holland）撰文指出，癌症患者會感覺成為「被責備的受害者」：

約莫十年前，我就清楚發現到，社會把另一種不當的負擔加諸患者，這似乎來自於大家普遍相信身心會相互影響。有病患就診時告訴我，有朋友出於善意這麼告訴他們：「聽說人一定是因為希望罹癌才會罹癌……」更令我苦惱的是，竟然有個人說：「我知道得時時保持正向態度，因為那是對付癌症的唯一辦法，但真的很難做到。我知道悲傷、害怕、心煩會使腫瘤加速生長、縮短壽命。」[27]

由此顯而易見，無法正向思考會讓癌症患者苦惱，就像又得了另一種病。至少我不用承受這個額外的負擔，因為我老是生氣。我現在懷疑，我會罹癌，是醫生的治療行為造成的，也就是說，是醫生害我罹癌的。要是我當初就心存這種懷疑，心中肯定會更加憤怒。在被診斷出乳癌時，我已經接受了將近八年的荷爾蒙補充療法，那是醫生們要我做的，他們聲稱那種治療能預防心臟病、失智症、骨質流失。二〇〇二年有深入的研究揭露，荷爾蒙補充療法會增加罹患乳癌的風險。這則新聞發布後，接受荷爾蒙補充療法的女性人數驟減，乳癌發生率也隨之銳減。所以我一開始會罹癌，可能就是錯誤的科學造成的，而正向思考這門錯誤的科學在整個生病期間也一直折磨我。

我現在可以告訴大家，乳癌並沒有讓我變得更漂亮、更堅強、更有女人味、更重視心靈層面，乳癌給我的是切身體驗美國文化中一股強勢的意識形態。這個體驗實在令我痛苦萬分，若各位要稱之為「禮物」也行。在那之前，我從沒察覺這股意識形態，它竟然鼓勵我們去否定現實，欣然接受不幸，甚至遭遇災難時只能怪罪自己。

第二章

奇思幻想的年代

The Years of Magical Thinking

就算水杯碎裂在地上，也要去想杯中還有一半的水，不能去想只剩一半的水，這種勸人正向思考的說法不只存在乳癌的粉紅絲帶文化中。治療後幾年，我冒險闖入另一個私人的災難世界，那個世界裡都是遭裁員的白領勞工。在開放失業者參加的交際團體、戰鬥營、激勵課程中，我發現所有人都異口同聲，發誓唾棄憤怒與「負向」態度，應該以愉悅、甚至感恩的態度來面對當前危機。對於遭裁員、隨即陷入貧困的人，專家教他們把眼前處境當作「機會」，好好把握；這和把乳癌說成是「禮物」異曲同工。在這裡，專家也向大家保證「療效」：保持正向態度，找工作時不僅心情會比較愉悅，而且一定會更快出現更快樂的結果。

事實上，對於所有問題或阻礙，都有人提議用正向思考或正向態度來解決。想減重嗎？有個專門教「正向減重法」的網站告訴網友：「下決心減重後，承諾自己一定要做到，並且用正向態度去履行承諾……思考時要把自己當成勝利者，不是失敗者。」苦尋不到伴侶嗎？最能吸引異性來求愛的，莫過於正向態度了；而最讓異性反感的，則莫過於負向態度了。想在網路上尋找約會機會嗎？時下有許多提供約會祕訣的網站，其中一個這樣建議：「若寫出顯露負向態度的個人資料或留言，肯定會把想求愛的異性趕走，反之，正向態度幾乎能吸引所有人。」另一個網站也提出類似建議：「最有用的相親祕訣可歸結成下列兩個基本建議：第一，保持正向態度；第二，敞開心胸。」女性特別應該展現正向態度。上一任男友是渾蛋、不滿意體重，諸如此類的話，絕不可提起。還有個網站建議：「各位應該時時保持正向態度，避免抱怨過多，避免去看事物的負面，避免表現出負向態度。雖然做自己很重要，而且人確實應該堅守這個原則，但是在社會化（應該是指與人交往）時，抱持負向態度絕對不是好做法。」

缺錢嗎？財富是正向思考的主要目的之一，本書也會反覆談到財富。市面上有多不勝數的勵志書，詳述如何用正向思考來「吸」錢。根據這類書的說法，這法子牢靠得很，所以作者總是鼓勵讀者馬上開始花錢。為什麼你到現在還在為發不了財傷腦筋呢？這些作家認為薪資低、失業、必須支付醫藥費等實際問題，可能只是「藉口」，真正阻礙人發財的是腦子，因為腦子可能潛意識嫌惡「骯髒的錢財」，或深藏著對有錢人的憤恨之情。我有位朋友長期擔任低薪的兼職攝影師，他曾聘請「人生教練」來改善財務狀況。教練告訴他，「若要招財」，就得消除對財富的負向感覺，並時時在皮夾了內放一張二十塊美元的鈔票。

有人甚至會請別人幫忙，一起發動正向想法，這種做法很像祈禱。在一個教師網站上，有位女教師請同業「為她的女婿發起正向想法」，因為她的女婿不久前被診斷為腦癌第四期。有一名在伊拉克的士兵執行任務時失蹤了，士兵的父親在CNN的鏡頭前告訴觀眾：「希望電視機前的觀眾對這件事抱持正向想法，幫我們度過難關。若所有人都幫我們祈禱，抱持正向想法，我們就能度過難關……我知道軍方正竭力想辦法，所以此刻抱持正向想法非常重要。」[1]儘管大家抱持正向想法，但是一星期後，軍方還是在幼發拉底河找到那位士兵的遺體。

要人「抱持正向態度」的叮嚀，就像背景中閃個不停的霓虹招牌，就像躲不了的叮噹聲，無所不在，根本無從判斷源頭在哪。歐普拉經常大力宣揚態度能戰勝環境；用谷歌搜尋「正向思考」，會出現數百萬條搜尋結果。成人教育機構「進修學習公司」(Learning Annex）在紐約與洛杉磯等城市，開設諮詢指導課程，舉辦五花八門的研討會，教人克服悲觀、取得內在力量、駕馭思想力量，藉此在生活中獲得成就。整個教練產業從一九九〇年代中期開始成長，在網路上大量銷售，協助學員改善態度，據說這麼一來生活就會隨之改善。學員支付等同於治療師收取的費用後，無照的生涯教練或人生教練就會協助學員擊敗「負向的自言自語」(也就是悲觀想法)，使負向的自言自語不再阻礙發展。

今日在美國大家並非總是完全自願抱持正向觀點，有些人並不想伸出雙臂擁抱正面思考這個意識形態，但可能會被迫接受。在職場有人會刻意想辦法灌輸正向觀點。比方說，雇主會請激勵講師來演講，或免費發送自助書（像是二〇〇一年的暢銷巨作《誰搬走了我的乳酪?》，這本書的主旨是在勸人遭裁員時不要抱怨）。此外，療養院也充滿極度矯揉造作的歡樂氣氛。有位住在療養院的人這麼抱怨：「老是用暱稱！老是刻意表達愛意！老是用**我們**這個愚蠢的代名詞。哈囉，親愛的，今天我們好嗎?妳叫什麼名字呢，親愛的?小伊嗎?我們可以進餐廳了嗎，小伊?嗨，親愛的，真不好意思，讓妳久等了。我們今天看起來很棒，對吧？」[2]一般人認為學校是思想古怪、憤世嫉俗的人的安全避風港，不過現在就連學校也遭正向思考入侵了。二〇〇七年初，南伊利諾大學卡本戴爾校區（Carbondale）在行銷研究中發現教職員「不求上進」，管理部門因而恐慌了起來，聘請激勵講師去說服憂鬱的教授們，「正向態度對提升客戶滿意度至關重要」，而「客戶」指的當然就是學生囉。不過，只有百分之十的教職員去參加演講。[3]

正向思考是一種會擴散的文化共識，透過感染來散播。但是不只如此而已，正向思考還有自己的發起人、發言人、傳道人、推銷員，其中推銷員包括勵志書作者、激勵講師、教練、訓練員。二〇〇七年，我冒險參加美國演講人協會（National Speakers Association）年會，這是正向思考推銷員的年度重要聚會，他們齊聚一堂參加四天會議，除了分享心得，也藉此誇耀成就與尋找新商機。開會地點在聖地牙哥市區的一家濱海飯店，充滿歡樂的觀光氣息，布置人員將開會地點的內部環境營造出強烈正向效果。有一場在第一宴會廳的會議，全體與會者均有出席。一開始播放十分鐘投影片，內容就像日曆照片一樣，有瀑布、高山、野花，同時還播著放鬆心情的音樂。接著一位金髮中年女性穿著印度式短袖束腰衣出場，帶領一千七百名聽眾「調音」。她請我們站起來跟著她唱：「啊、啊、啊、啊。」所有人都乖乖跟著唱，但是並不熱情，從這點看來，我猜他們以前應該有做過這種練習了。

那裡簡直就是把新時代思想文化（New Age）與美洲中部商業文化融合在一起。[1]與會者不只可以到展覽攤位買水晶，還可以參加研討會、學習如何網路行銷、加強冥想技巧、找講師經紀公司的訣竅，以及鑽研「古老智慧」（像是印度教奧義書、猶太神祕哲學、共濟會等等）。在那裡也買得到個人化的輪式旅行箱，上頭用斗大的字母寫上個人的姓名與網站，這樣一來，在機場內走動時，就能更有效推銷自己了。這群人一點也不像教派，我看不出他們有狂熱迷信或精神錯亂的行為。大部分的人都穿商務便服，而且在男性中，頭髮修剪整齊的遠多於留馬尾的。

只有講台上的人表現出不合理的熱情，而且表現得差強人意。首先上台的主題講師是蘇・墨特（Sue Morter）博士，她身材纖細又充滿活力。演講大綱上寫著她是「印第安納波里斯多元訓練健康中心」（multi-disciplined wellness center in Indianapolis）的主管。她聽到一開始的掌聲「並不滿意」，於是命令聽眾站起身，跟著音樂節奏拍手一會兒。接著她演講了五十分鐘，整場都沒看筆記。她闡述人的頻率若能和宇宙調和、產生共振，就能擁有「無窮的力量」。而宇宙的頻率則是每秒十個週期。若無法和宇宙產生共振，「人就容易過度分析、過度規畫、出現負向想法」。若不想過度思考規畫，就得「時時抱持肯定的想法」！在結語時，墨特又請聽眾起立，說：「請各位緊握雙手，想著肯定的想法，雙腳穩穩踩在地上，想著肯定的想法。」

最有名的主題講師是喬・維泰利（Joe Vitale）博士，也有人稱他為「火焰先生」。根據介紹，「他本身是大師」，聲稱擁有玄學與行銷學的雙博士學位，外型看起來像稍高略瘦的影星丹尼・迪維托（Danny DeVito）。演講主題是「激勵行銷」和愛。他一開口就說：「各位實在太了不起了，我愛各位，你們實在太棒了。」他坦承自己「師承馬戲大師巴納姆（P. T. Barnum）」，並且講一些以前說過的笑話來吸引聽眾的注意力，像是用滑稽的模樣來發表聲明稿，指控小甜甜布蘭妮剽竊他的「催

1 譯註：新時代思想興起於一九七〇年代與一九八〇年代的西方世界，是一種探索靈性的思潮。美洲中部通常指北美洲南部與中美洲，該區域的商業文化特色為以展覽攤位來推銷商品。

眠行銷」技巧。「愛」似乎也是其中一項催眠行銷技巧，因為他建議大家仔細查看通信名單，「去愛每個名字」，藉此增加生意。他大肆宣傳新作《零極限：創造健康、平靜與財富的夏威夷療法》。這本書是在講述一位醫生不用與病患見面，單靠研究病患紀錄、設法克服對病患的負向想法，就能治療一家精神病患收容所裡的刑事犯。他同樣以歡欣喜悅的話來收尾：「時時刻刻在腦子裡說『我愛你』，就能治癒所有需要治癒的創傷。」

聽眾從頭到尾認真聽講，勤作筆記，三不五時點頭稱是，在該笑的時候大笑。根據我的判斷，大部分的與會者都沒出過書，或不曾在這種大規模聚會中演講。我隨便找人聊天，根據聊天內容，推測多數與會者都是嚮往成為講師的人，像是教練或「訓練員」，嚮往招募更多學員、賺更多學費。許多人都來自與健康有關的領域，從事「全人療法」或另類療法的人特別多；有些人是企業人士的教練，我之前就遇過這類人士，他們專門指導遭裁員的白領勞工；有些人是想拓展專業的神職人員。因此大多數研討會的主題都在討論具體細節：如何與講師經紀公司合作、增加演講預約量、設立辦公室、行銷「產品」（像是DVD與激勵演說卡帶）。不過有位講師在投影片簡報中警告大家，並非人人都能成功。這種務實的論調與現場氣氛完全格格不入。她說，有些人會陷入「死亡螺旋」，不斷投入心力與金錢去推銷網站與產品，「結果卻一無所獲」。不過顯然幹這行是能發財的。四十一歲的激勵講師克里斯．威德納（Chris Widener）是神職人員出身，他在一場研討會中訴說他那段沒出息的年輕歲月（他十三歲時放蕩不羈），然後以他現在的大富大貴為演講高潮：「三年半前，我在瀑布山（Cascade Mountains）買下夢寐以求的房子，裡頭有健身房、酒窖、蒸氣浴室……我認為我的人生就是成功的定義。」

新人在演講生涯中步步高升後，他們會傳達什麼訊息呢？他們的演講內容會是什麼呢？在那次演講人協會年會中，沒人回答過這個問題，就我所知，也沒人提出這個問題。我認為答案再清楚不過了：他們未來的演講內容將會和他們在這裡聽到的大同小異，依然會堅稱唯一會使人無法身體安康、事業興旺的障礙就存在自己心裡，若想改善物質生活或精神生活，就得改變態度與情緒反應，並學習集中思緒。我認為真正能改善自己的方法很多，像接受教育、學習「艱難」的新技能，或是付出心力、改造社會、造福全球。不過在正向思考的世界中，所有挑戰都存在心裡，用意志力就能輕鬆克服。毫無疑問，剛出道的講師肯定會這麼告訴好不容易吸引來的聽眾：我也迷惘過。我曾懷疑自己，也曾自暴自棄。不過後來我發現成功的關鍵了。各位看現在的我就知道了！有些聽眾從這些範例中發現，原來宣揚正向思考是有出路的，於是最後自己也宣揚起正向思考，成為歡樂教的新傳教士。

對負向的人拒而遠之

有人保證正向態度能具體大幅改善生活，從簡單實際的角度來看，這個論點或許是真的。若你「和藹可親」，別人比較可能會喜歡你，反之，若你長期都性情乖戾、吹毛求疵、脾氣暴躁，別人就可能比較不會喜歡你。大師們在網站上或書上提出的行為建議大多無害。有個專門教人成功的正向思考網站提出這樣的建議：「保持微笑，主動和同事打招呼。」展現正向態度通常能獲得回報，眾人也都如此期待，在這樣的文化中，保持愉悅是金科玉律，而暴躁易怒則似乎萬惡不赦。有誰想和「負向」的人約會嗎？有誰想聘僱負向的人嗎？負向的人有什麼問題嗎？出人頭地的祕訣就是：不論內心真實感受為何，一定要裝出抱著正向看法的樣子。

談論如何表現正向舉止的第一本大作是戴爾・卡內基（Dale Carnegie）所寫的《人性的弱點》（*How to Win Friends and Influence People*），一九三六年初版，至今還沒絕版。卡內基的原本姓氏是卡尼杰（Carnagey），但顯然是為了與實業家安德魯・卡內基（Andrew Carnegie）較勁才改姓的。卡內基並沒有認為讀者會感到快樂，他只是認為，讀者若能裝出得宜的舉止，就能操控別人：「不想微笑時該怎麼辦呢？有兩個辦法。第一，強迫自己微笑。獨處時，強迫自己吹吹口哨或哼哼歌曲。」除了「強迫」自己表現正向舉止，也可以接受訓練：「許多公司訓練總機人員用散發出關心與熱情的語調，來問候所有來電者。」總機人員用不著真的感到熱情，只需要「散發出」熱情。在《人性的弱點》這本書中，最高目標就是學習如何裝出誠意：「關心他人的樣子要誠懇，這個原則也適用於維持良好人際關係。」[4] 要怎麼「裝」出有誠意的樣子呢？書中並沒有解釋，不過不難想像，沒有學幾招演技是裝不出來的。一九八〇年代，在一項知名的研究中，社會學家亞莉・霍希爾德（Arlie Hochschild）發現，航空公司規定空服員面對乘客必須時時保持愉悅，空服員因此感到壓力，並產生情緒耗竭的問題。[5] 霍希爾德受訪時告訴我：「空服員再也無法感覺到自己真正的情緒了。」

二十世紀，隨著時間過去，卡內基的建議卻顯得越來越洞中肯綮。越來越多中產階級的人不是農民與小企業老闆，而是大公司員工。在大公司裡，員工的勞力不是用在物質上（像是鋪鐵軌或採礦），而是用在別人身上，例如銷售人員要應付客戶，主管要應付下屬與同事。一九五六年，社會學家威廉・懷特（William H. Whyte）非常擔心，認為這種發展趨勢是在走向蘇俄的集體化社會，會使人喪失鬥志。他寫道：「組織生活就是如此，（人們）必須將大部分的工作時間花在各種團體中，而且不由得個人選擇。」人們得參加「一般會議、研討會、專題討論會、決策會議、下班後的討論小組、專案小組」。在這種人數眾多的場合，要完成工作，人際關係的「軟技能」變得比知識經驗更重要。卡內基觀察到，「就連在工程這類技術性的行業，一個人的財務成就，只有百分之十五左右來自技術知識，百分之八十五左右來自人事管理技巧。」[6]

現在，幾乎人人都不需要別人提醒，就知道人際技能多重要。大部分的人都和別人一起工作、得應付別人、和別人相處。我們變成了別人生活中隨心情替換的電腦桌布，別人忽略了我們也有個人的特質與需求，把我們當成微笑與樂觀的可靠來源。二〇〇四年出版的勵志書《你的桶子有多滿？樂觀思想的神奇力量》（*How Full Is Your Bucket? Positive Strategies for Work and Life*）指出：「每一百人，就有九十九人想和正向的人在一起。」[7]吹毛求疵、難以應付的人，與笑容滿面、凡事說好的人，你會選擇和哪種人在一起呢？這個選擇看起來再簡單不過了。當「歡樂教」根深柢固時，乖乖遵奉才是明智之舉，因為同事絕對不希望看到你與眾不同。人力資源顧問葛瑞・托普琴克（Gary S. Topchik）表示：「勞動統計局估計，職場上的負向態度與行為，像是遲到、無禮、犯錯、高流動率，每年造成美國公司損失三十億美元。」[8]在美國，除了有明顯種族、性別、年齡、宗教等歧視的情況以外，雇主用什麼理由都能叫員工捲鋪蓋，包括無法營造正向氣氛。有位住在明尼亞波利斯（Minneapolis）的電腦維修員告訴我，他因為說了有歧視意味的話而丟了工作，但是從來沒有人明確告訴他到底是哪一句話，而是直接指控他嘲諷他人與表現「負向態度」。我網站上有位讀者叫朱麗，住在德州奧斯丁市，她寫信告訴我她在家得寶（Home Depot）的客服中心工作的經驗：

我在那裡工作約一個月後，老闆把我拉進一間小房間，說我「顯然不夠快樂，不能待在那兒」。我每個月得支付最高三百美元的私人健保費與四百一十美元的助學貸款，為了付這些費用，我得另外兼五份工作，睡眠被剝奪了，我當然不高興啊。不過我記得我沒跟人說過「我討厭工作」這類的話啊。還有，我不曉得在客服中心上班得快快樂樂的才行。有個在客服中心工作的朋友說，被迫假裝快樂的那種感覺，就像你靈魂快死了的時候，有人幫你打手槍。

過去幾年來，對於正向表現的要求越來越露骨，不遵守的話就會受到嚴厲的處罰，以前只會導致生意失敗或丟掉工作，現在則是會遭人排擠與徹底孤立。二〇〇五年，「巔峰潛能訓練公司」(Peak Potentials Training)創辦人哈福．艾克(T. Harv Eker)寫了《有錢人想的和你不一樣》這本暢銷書，建議大家遠離負向的人，就算他們和你住在一起也一樣：「找出生活中會掃興的情況或人，遠離這類情況，與這種人脫離關係。若家中有這種人，儘量別跟他們在一起。」[9] 事實上，這個建議已經成了勵志書的主要論述了，不論是基督教還是非宗教的勵志書都一樣。激勵講師兼求職教練傑佛瑞．基特瑪(Jeffrey Gitomer)寫道：「『要擺脫生活中的負向者』，他們會浪費你的時間，把你拖垮。若無法擺脫他們（像是配偶或老闆），那就少和他們在一起。」[10] 若這樣說還不夠清楚，自稱「企業界饒舌天王」的激勵講師馬羅尼（J.P. Maroney）講得更明白：

> 負向的人「爛透啦」！
>
> 這聽來或許刺耳，但負向的人確實爛透了。像你我這種正向的人，能量會被他們吸走，他們會把好公司、好團隊、好關係的能量與生命都吸走……不論如何，一定要遠離他們。若認識很久的人確實是負向的，會吸走你的能量，那就義無反顧跟他們切斷聯繫吧。相信我，少了他們，你會更好的。[11]

將生活中的「負向者」全擺脫掉，這句話實際上是什麼意思呢？與長期老是吹毛求疵的配偶分居或許是不錯的做法，但要遺棄成天唉唉叫、還在學走路的幼兒，或不知何故哭個不停的嬰兒、或性情乖戾的青少年，這談何容易啊。況且，在職場上，查明哪些人露出快要變成殺人魔的跡象，趕緊把他們開除，這麼做或許是明智的，不過有些惹人厭的人可能真的有些有益的話要說喔，像是那位一直擔心銀行次級房貸曝光的財務長，或是質疑公司過度投資休旅車與卡車的汽車公司主管。若徹底擺脫「拖垮你的人」，你有可能會變得非常孤單，更糟的是，還可能與現實脫鉤。人在過家庭生活或任何團體生活時，都必須不斷去關心別人的心情、考慮別人的想法、在必要時安慰別人。

但是在正向思考的世界，你不用教養任何人，也沒有人會揭露逆耳刺眼的真相。別人只會鼓勵你、讚美你、肯定你。這些話聽起來雖然刺耳，不過許多人卻把它奉為信條，牆匾或保險桿貼紙上都是禁止「發牢騷」的圖樣。大家似乎都缺乏同理心，而且面對這種現象的反應竟然是收回自己的同理心，好像都沒時間或耐性來處理別人的問題了。

二〇〇六年年中，越來越多人禁止「負向態度」，堪薩斯市有位牧師更是實際付諸行動，宣布此後他的教會內將「沒有怨言」，批評、聊八卦、嘲諷，也會消失。為了重新教育會眾，威爾．鮑溫（Will Bowen）牧師發紫色矽膠手環給會眾，要大家戴著手環來提醒自己。這麼做的目的是什麼呢？目的是要大家二十一天都不會聽見怨言，而牧師推測，二十一天後，大家就會改掉抱怨的習慣。若戴手環的信徒破戒，開口抱怨，就得將手環戴到另一隻手腕上。這個大膽攻擊負向態度的舉動，不但讓鮑溫登上《時人》雜誌，也成了「歐普拉有約」的節目來賓。幾個月的時間，他的教會就發出四百五十萬個紫色手環到超過八十個國家。他展望一個沒有怨言的世界，誇耀手環已經發送到學校、監獄與遊民收容所。不過手環在監獄與遊民收容所內的效果如何，至今他隻字未提。

於是大家漸漸認為，只要相信正向舉止能帶來成功，而且身體力行，就真的會成功；至少從負向角度來看，無法表現正向舉止，確實會一敗塗地，像是遭雇主嫌棄，甚至會遭到仰慕者嫌棄。大師們建議大家擺脫「負向」的人，不過同時也提出這樣的告誡：要笑臉迎人、與人為善、跟隨潮流，否則就等著遭排擠吧。

不過，光是與密切往來的負向者斷絕往來還不夠，還得審慎審查大千世界的資訊。所有激勵專家與正向思考大師都認同，讀報紙或看新聞是錯的。線上約會雜誌發表文章，提出許多培養正向態度的祕訣，其中一個祕訣這麼寫道：「第五招：不看新聞。謀殺、強姦、詐騙、戰爭，每天新聞經常充斥負向報導，若讓閱讀這類資訊成了日常生活習慣，會漸漸直接受到這個環境因素影響。」

傑佛瑞・基特瑪更偏激，建議大家別看新聞，努力修練正向思考：「所有新聞都是負向的，不斷接觸負向新聞，對生活絕不會有正向影響。用網路，一分半鐘左右就能獲得你需要的新聞了，這樣就能有多點時間去充實自己，培養正向態度。」[12]

為什麼所有新聞都是「負向的」？具有作家與律師身分的裘娣・布萊利（Judy Braley）把負向新聞氾濫歸咎於正向思考在世間散播得不夠廣：

絕大多數的世人並非活在充滿正向態度的空間。事實上，我認為多數世人活在充滿痛苦的地方，而活在痛苦中的人只知道如何散播負向想法與痛苦。我認為，這說明了為何世上有這麼多暴行，為何我們會時時遭受負向想法轟炸。[13]

參加演講人協會年會時，我曾和一個人聊天，他身材高大、理了個短髮、臉上沒有笑容、態度拘謹，從這些特色來看，我猜他是軍人出身的。我問他，身為教練的他是否認為長期喪志的人需要別人幫忙加油打氣。他的回答是：「不需要，有時候那些人只是懶而已。」不過他接著坦承，他讀到伊拉克戰爭的報導時也會感到沮喪，所以現在他都小心避看新聞。我說：「但要當個負責的公民就得吸收資訊啊。」他注視我良久後，提出相當睿智的建議，說我應該鼓勵人們去看新聞。

基特瑪只准許每天花九十秒吸收新資訊，那需要超過九十秒來看新聞的人怎麼辦？據我所知，至少有兩個只提供「正向消息」的網站，其中一個就是好消息部落格（Good News Blog）。這個網站提出這樣的說明：「許多媒體關注殘忍、可怕、墮落、瘋狂的事件，這樣容易讓人以為人心江河日下。好消息網站要向網友證明，壞消息之所以為消息，正因為鮮有可聞。」當時該網站最新發布的重要新聞有「養了透過網路實境節目與生母重逢」、「學生幫忙照料獲救的馬兒，馬兒恢復健康」、「鸚鵡發出警告，救了女孩一命」等等。另外，在快樂新聞網（happynews.com），國際新聞多得嚇人，但有關達爾富爾、剛果、加薩、伊拉克、阿富汗的新聞，卻隻字不提。我瀏覽了一下發現當天的新聞有「七個月大的尼泊爾嬰兒接受救命手術」、「美加邊界水資源條約一百週年」、「許多美國人許下無私的心願」、「青梅竹馬想要來趟浪漫冒險」等等。

這種做法逃避現實世界中激烈與悲劇的那一面，也意味正向思考的核心深藏著無能為力的想法。為什麼不要去關心新聞呢？因為誠如演講人協會年會中有個人告訴我的：「你對新聞無能為力啊。」布萊利同樣不去看有關災難的報導：「那些負向新聞會引發哀傷的情緒，而且你對那些負向新聞也無能為力啊。」這些人甚至沒考慮到可以捐助救濟金、參加反戰運動、遊說政府推動更人道的政策。不過至少從這裡可以看出，他們似乎承認，看開頭就寫「平民傷亡人數高達……」或「饑荒蔓延……」的頭條新聞時，不論怎麼努力調整心態，都無法解讀出好消息。

當然，要是心靈真有「無窮」的力量，那大家也不用去排擠身邊那些負向思考的人了。比方說，大家只要選擇用正向的角度去詮釋別人的負向行為就好了啊。像是那個男生批評我是為我好，那個女生繃著臉是因為很喜歡我，但我卻一直沒注意到。人必須改變環境，例如隔開負向的人與消息，這種建議其實就承認了真的有個「真實的世界」，而且它完全不受我們的願望影響。面對可能出現的可怕情況，唯一的「正向」反應就是龜縮到自己小心建構的世界，在那裡，永遠只有認同、肯定、好消息、笑容滿面的人。

吸引力法則

若排擠的做法是用來威脅頑強抵抗分子的棍子，那麼也一定有極度誘人的胡蘿蔔。胡蘿蔔就是：若正向思考，好事就會發生在你身上。只要專心想，什麼都能得到，什麼都行，像是無窮無盡的財富、成就、愛情、在自己選的餐廳享受一桌夢寐以求的佳餚。只要學會駕馭欲望的力量，宇宙就有求必應；只要觀想渴望的事物，就能把它「吸」向你。簡言之，吸引力法則就是「提出請求，堅信不移，最後就能獲得」，或是「有求必得」。

這個驚人的好消息在美國流傳超過一百年了，不過二〇〇六年才復興，以驚人的趨勢登上國際媒體。名為《秘密》的書和ＤＶＤ締造了無與倫比的成就。《秘密》這本書出版才幾個月，就印了三百八十萬本，在《今日美國》和《紐約時報》的暢銷書排行榜都榮登榜首。有兩點有助於該書銷售。第一，該書本身製作精美，用高級銅版紙印刷，封面看起來像中古時代的手稿，上頭還裝飾著一個紅色印信，隱約讓人想起另一本暢銷書《達文西密碼》。第二，作者是澳洲電視節目製作人朗達・拜恩，她與經紀人獲得令人稱羨的機會，能到「歐普拉有約」、「愛倫愛說笑」、「賴瑞金現場」等節目接受專訪。不過《秘密》主要還是仰賴口耳相傳，誠如《渥太華公民報》（*Ottawa Citizen*）的報導：「《秘密》就像諾羅病毒一樣，透過皮拉提斯課、快速致富網站、個人勵志部落格散播。」[14]我在一所社區大學的自助餐廳遇見一位學生，她是《秘密》的書迷。這位年輕的非裔美國女性在陰沉的餐廳向我透露，《秘密》現在成了**她的**秘密了。

儘管《秘密》普遍獲得媒體尊重，作者也無意挑戰學界，但無疑它在知識界引起震驚與奚落，批評者都快不知該從哪開始抨擊了。在DVD中，有位女性欣賞著商店櫥窗內的項鍊，下個畫面，她的脖子上就戴著那條項鍊了。她單憑意識就把項鍊「吸」了過來。在書中，與體重對抗數十載的拜恩，堅稱食物不會使人變胖，只有當人**認為**食物會讓人變胖時，食物才會讓人變胖。她還說了一個故事，有位女性假裝完美伴侶已經和她在一起，藉此「吸」來完美伴侶：她在車庫留了車位給伴侶，在衣櫃清出空間讓伴侶放衣服。然後，瞧，伴侶就出現在她的生命中了。[15]拜恩還自稱用「祕密」改善了視力，再也不用戴眼鏡了。《新聞週刊》受不了這些不可思議的內容，以驚訝的口氣評論道：「那本書竟然直言不諱地宣稱，人運用思想與感覺就能操控客觀存在的現實物質世界，像是樂透開獎號碼、陌生人的行為。」[16]

不過拜恩所說的一切，既不新奇也非原創。事實上，她不過是把二十七位勵志思想家的洞見包裝起來而已。這些人大多仍在世，而且許多位早已赫赫有名，像是《心靈雞湯》的共同作者傑克．坎菲爾。《秘密》有一半篇幅都在引述這些大師的話，書尾也慷慨地感謝這些「共同作者」，還特別列出他們的簡歷。其中有位「風水師」，他也是一家「勵志禮品」銷售公司的總裁；還有一位股票交易商以及兩位物理學家。不過絕大多數的「共同作者」都自稱「教練」與激勵講師，包括喬．維泰利（我在演講人協會年會已經見識過他的博愛了）。《秘密》裡頭的「祕密」根本算不上祕密，那不過是從教練這一行彙集而成的學問而已。在《秘密》出版的三年前，我就首次聽到《秘密》所談的「心靈能克服物質障礙」這種哲學，教我的，是亞特蘭大一位不算有成就的生涯教練。她告訴學員，人的外在狀況，像是失敗與失業，是「內在幸福感」投射出來的結果。

運動員以外的人也需要「教練」，這種概念興起於一九八〇年代，當時企業開始聘請真正的運動教練到公司聚會中演講。許多業務員與主管求學時都參加過運動，所以很容易受到這類演講人激勵，因為這類演講人能讓人回想起橄欖球場上的關鍵時刻。一九八〇年代末期，前賽車手兼運動教練約翰・惠特默（John Whitmore），把教練工作從運動場移到主管辦公室，把目標變成提升抽象的「表現」，包括坐在桌子前就能達成的那類目標。以前自稱「顧問」的人紛紛改稱「教練」，開班授課，教一般人（通常是企業白領員工）培養「勝利者」的態度或正向態度。新型的教練從運動教練那個舊行業帶來許多觀念，像是在比賽前觀想取得勝利（至少要表現得可圈可點），這和拜恩那幫人鼓勵大家去觀想渴望的結果，是同一個意思。

這種新的人生哲學不只來自運動界，勵志界的大師與「心靈導師」也高談好幾年了，這些人拜恩大多沒提。比方說，二〇〇四年有部根據事實改編的電影，片名叫《我們到底知道多少》（*What the Bleep Do We Know?*），是一群新時代學派的人製作的。該學派的領導人是名女性，名為傑西奈（JZ Knight），住在塔科瑪（Tacoma）。據說有位三萬五千歲的老戰士，名叫藍慕沙（Ramtha），傑西奈能與他的魂魄溝通。在這部電影中，演員瑪麗・麥特琳（Marlee Maitlin）飾演的角色，為了體會生命在心靈層面的無窮可能性，戒掉了抗憂慮藥物贊安諾。藍慕沙啟蒙學院（Ramtha School of Enlightenment）的學生會把個人目標貼在牆上，試圖在高分貝的搖滾樂中，用力「冥想」來實現目標。再來看看商業氣息比較重的面相。一九八二年，「成功教練」麥克・賀納基（Mike Hernacki）率先出版《心想事成的祕訣》（*The Ultimate Secret to Getting Absolutely Everything You Want*），接著許多人也紛紛出版這類書，包括麥可・羅西爾（Michael J. Losier）在二〇〇六年出版的《吸引力法則：心想事成的黃金三步驟》。哈福・艾克在《有錢人想的和你不一樣》中這麼解釋：「宇宙其實就是『至高能量』的另一種說法，它就像一家大型郵購公司。」維泰利也用過這樣的比喻。[17] 若你清楚明白地把訂單寄過去，保證能準時收到商品。

是什麼使教練這一行對這些神祕力量產生興趣呢？說穿了，就是教練也沒太多別的料能傳授給學員。「生涯教練」只能教學員寫履歷、發表自我宣傳簡報（又稱「電梯簡報」[2]），除此之外，就沒有其他真材實料能端上桌了。生涯教練

2 譯註：意指極短的摘要報告，用於在短時間內引起重要人士注意。

和比較非專業的「成功教練」都無法教你把標槍擲得更遠、無法提升你的電腦技能、無法教你管理大型部門的流通資訊。他們能做的，就是改善你的態度、提高你的期望，因此從「調整態度就絕對能成功」這種玄學假設下手，頗為有用。而且，若你沒有成功，依舊手頭艱難、依舊幹著沒出息的活，那不能怪教練，只能怪自己，因為你不夠努力，顯然得花更多工夫才行。

在教練產業與《秘密》之類的書中，那種玄學像極了民間傳統巫術，尤其像以同類相吸為作用原則的「交感巫術」(sympathetic magic)。民間傳統巫術的信徒認為崇拜物、護身符，或「黑魔法」中的針扎巫毒娃娃，能帶來渴望的結果。而在正向思考中，正向想法或願望成真的心靈畫面，就是放在心裡的崇拜物。誠如宗教歷史學家凱薩琳．阿爾巴納斯(Catherine Albanese)所解釋的：「一般巫術進行象徵儀式時，通常會使用工藝品，穿戴具特定風格的衣著飾品；而在正向思考這類『心靈巫術』中，施法的場地則移到心裡，主要儀式則變成某種形式的冥想或引導式觀想。」[18]

不過，有時正向思考得用到實際的崇拜物。在《秘密》中現身說法的企業家兼教練約翰．亞薩拉夫(John Assaraf)有解釋如何使用「夢想板」(vision board)：

多年前，我想到用另一種方法來想像我這輩子想獲得的事物，不論是車子或房子，任何東西都能放入清單。於是我開始將我想要的東西的照片剪下來，製作成夢想板。然後每天在桌子前坐個兩、三分鐘，盯著夢想板一會兒後，閉上眼。我會看到自己擁有夢想中的車子、房子，看到銀行戶頭裡有我想要的那筆錢，還有我想拿去行善的那筆錢。[19]

有個網站教人製作一種夢想板，其風格像極了「原始」的巫術：

把卡片（厚海報紙）的四個角留白，剩下的紙面都裝飾上閃亮的飾品、絲帶、魔法符號、藥草或象徵繁榮興旺的物品。接著拿一張一元鈔票，剪下四個三角形的角。將鈔票的角黏到卡片的四個角。這就是交感巫術：一定要有錢，才能吸錢。接著在卡片背面或在另一張紙上，寫下使用這張符咒的指示：

這是興旺之符，把它放在每天都看得見的地方，最好是臥室。

每天至少一次，把它拿到心上，花幾分鐘唸下列咒語：興旺之符，請讓所有好事發生在我身上。

接著你就會注意到不可思議的事開始發生了。[20]

除了自製的法寶外，多數教練都擔心被與巫術扯在一塊。主流社會之所以會有人相信正向思考，是因為正向思考宣稱有穩固的科學根基。正向想法為什麼會吸引正向結果？因為「吸引力法則」，而且吸引力法則的作用和地心引力法則一樣可靠。包博．道爾（Bob Doyle）是《秘密》的「共同作者」，同時也是「超理性財富」（Wealth Beyond Reason）訓練課程的創辦人。他在自己的網站主張：「主流想法認為吸引力法則是『新時代學派』的概念，但實際上卻**不是**如此。吸引力法則是一種科學定律，此時此刻確確實實在各位的生活中作用著。」主張有科學根據，無疑有助於正向思考在企業界炙手可熱，因為企業界比較不敢隨便碰觸完全衍生自通靈或玫瑰十字會（Rosicrucianism）之類的意識形態。此外，科學大概也幫忙吸引了主要媒體去注意《秘密》及其發言人。撲克臉的賴瑞金在介紹幾位發言人時這麼說：「今晚各位對愛情、工作、生活感到不滿嗎？覺得錢不夠嗎？若是這樣，請動動腦，各位能用思考讓自己變得更好。正向想法能改變事物，能吸引你想要的好東西。聽起來難以置信嗎？各位再想想看，這是有科學根據的喔。」

教練們和勵志大師們努力了數年，好不容易發現一股力量，能幫人吸來想要的結果，能幫想要項鍊的人吸來商店櫥窗內的項鍊。賀納基在一九八二年出版的書中也強調類似的引力，還提出了方程式，說明兩個物體的質量與其加速度有關。不過就連只學到九年級科學的人都可能注意到這個理論有問題：第一，思想並非有質量的物體，思想是大腦內的神經元放電模式；第二，若思想能產生某種引力，對附近的物體作用，那麼人會很難把帽子拿下來的。

麥可．羅西爾提出另一個方程式，承認思想沒有物質的特性，認為思想是「振動」。他寫道：「在振動的世界中，有正向振動（＋）與負向振動（－）兩種。每個情緒或感覺都會讓人發出、送出、傳出振動，非正即負。」[21]不過思想根本不是「振動」，人類已知的振動，像是聲波，是用振幅與頻率來說明其特性，根本沒有「正向振動」與「負向振動」這類說法。

磁力是另一種長久以來一直吸引著正向思想家的力量，可追溯到一九三七年。這套理論至今依舊熱賣，像是《思考致富》。這本書宣稱：「思想就像磁鐵，能吸來同調性的力量、人與生活環境。因此我們必須強烈『渴望』財富，來磁化心智。」[22]現在我們知道思想是神經元放電模式了，會在腦中產生電活動，因此確實會產生磁場；不過這種磁場弱得可憐。《科學美國人》的專欄作家麥可．薛默（Michael Shermer）評論道：「大腦的磁場強度為十的負十五次方特斯拉，會快速從頭骨散出去，馬上被其他磁場吞沒，遇到強度為十的負五次方特斯拉的地球磁場就更別說了，地球磁場是大腦磁場的十的十次方倍呢！」也就是說，地球與大腦的磁場強度比是一百億比一，因此，一般磁鐵不會受到人的腦袋吸引或排斥，人的腦袋也不會給冰箱吸過去，這是眾所周知的啊。[23]

確實有一種方式能使心理活動影響物質世界，不過這得動用許多技術。人能使用生物反饋技術，只要透過「嘗試錯誤法」，就能讓大腦產生電活動，移動電腦螢幕上的游標。使用這種技術的人，必須戴上布滿電極的帽子（也就是腦電圖儀），來偵測腦內的電訊號，接著電訊號會被放大並傳送到與電腦連接的介面上。這種技術通常是用來幫助嚴重癱瘓的人對外溝通，但跟「以心靈克服物質障礙」的力量毫無關係。若是用隱喻的角度來看，這項技術的確是在施展「心靈力量」、克服物質的障礙。不過若沒有技術協助，人無法光憑思考來移動電腦游標，更不可能把錢移到銀行戶頭。

由於吸引力法則缺乏合理解釋，於是有人搬出量子物理學來解釋，不過他們用的是經過大幅篩除與改編的量子物理學。拜恩在《秘密》中引用量子物理學，和二〇〇四年的電影《我們到底知道多少》如出一轍，今日所有走在潮流前端的教練都不會忽略量子物理學。新時代學派的思想家和所有哲學投機分子都認為，量子物理學大有可為，似乎能使人類擺脫決定論的死板束縛。他們推測，在亞原子粒子的世界，什麼都可能發生，而且大家所熟悉的牛頓物理定律不再普遍適用。因此他們認為，沒有理由人類生活的世界不能跟亞原子粒子的世界一樣。根據我的推論，量子物理學有兩個特色似乎給了我們無限自由。第一是物質的波粒二象性。這是說，波和光一樣也是粒子（光子），而且我們可以把亞原子粒子（例如電子）當成波，也就是說，可以用波的方程式來加以解釋。正向思想家偏愛做極度愚蠢的推斷，認為整個人也是波或振動。「這就是我們。」演講人協會的講師蘇．墨特當時動著手指表演「振動」。而因為我們是振動，所以理當有更多運動的自由才對，不該被地心引力束縛，不該只是一百五十磅左右、由碳氧等物質構成的生物。

量子物理學還有個更普遍遭到濫用的概念，那就是不確定性原理。這個原理純粹只是主張我們無法同時知道亞原子粒子的動量與位置。用大家比較熟悉的說法來解釋就是，測量量子時會影響被測量的量子，因為要測量電子這類粒子的座標，就得用一種名為「量子崩塌」（quantum collapse）的方法來處理粒子，才能把粒子固定在特定的量子狀態。有位新時代學派的物理學家就根據不確定性原則提出不切實際的詮釋，朗達．拜恩則加以引述：「心智確實會塑造察覺到的事物。」[24] 顯然又有人從這句話就草率提出這樣的想法：「我們無時無刻不在用心智創造整個宇宙。」像是有位人生教練寫道：「我們是宇宙的創造者……量子物理學出現後，科學漸漸不再認為人類是軟弱的受害者，開始了解我們是無所不能的創造者，能創造生活與世界。」[25]

套一句諾貝爾物理學獎得主默里．蓋爾曼（Murray Gell-Mann）說的話：「太多與量子有關的鬼扯淡了。」這麼說是有原因的，量子影響的層面遠小於身體、神經細胞，甚至連傳導神經衝動的分子都影響不了。《我們到底知道多少》大量引用量子物理學來解釋吸引力法則，對於這種說法，受人敬重的麥可．薛默回應道：「一個能用量子力學來解釋的系統，其質量（m）、速度（v）、距離（d）三者的乘積，必須不能大於普朗克常數（h）的十倍或小於普朗克常數的十分之一；而普朗克常數非常小，約6.626×10^{-34}焦耳／秒。」他引用一位物理學家的推測：「神經傳導物質的質量與其通過突觸的速度約為普朗克常數的一百倍，因此無法產生量子效應。」[26]換句話說，人類的思考過程似乎也被囚禁於牛頓古典物理學的決定論中。

至於心智有能量可以創造宇宙的這種說法，量子物理學客氣地提醒了我們，人類的心智與想像力是有**極限**的。像電子與光子那種極度微小的東西確實可以同時像波與粒子一樣作用，但這並不意味電子與光子無所不能，當然更不表示我們自己可以變成波。相反地，若從非量子世界的日常畫面，我們絕對無法去想像這類小東西。此外，不確定性原理也不表示「心智確實會塑造察覺到的事物」，該原理只是說明，對於量子粒子這類東西，我們能發現的有限。量子粒子「到底」在哪裡？移動速度多快？這些我們都不得而知。就連拜恩在《秘密》中請來的神祕學派物理學家在《新聞週刊》找上門時，也不再堅持心智可以透過物理力量實現欲望。

不過，在聖地牙哥的演講人協會年會中，這類疑慮絲毫不影響眾人稱頌量子物理學（或許我該特別註明它是特別的「量子物理學」）。蘇・墨特在舞台上蹦蹦跳跳地說：「各位的現實生活就決定於各位選擇調到哪個能量的頻率。」她補充說：「遺憾的是，我們從小就學習牛頓的思想，因此要領會量子物理學是有困難的。」職業為脊椎按摩師的墨特對量子物理學理解多少，這我是不清楚，但是她認為我們都是振動，可以自己選擇頻率，這種想法根本就不對。除此之外，她還犯了一些惱人的小錯誤，像是她說「電子雲是在原子周圍」。（電子是原子的一部分，繞著原子核運行。）不過她宣布了項好消息，說「科學已經明明白白證明」，現實生活是由我們自己創造的，粒子可以像波一樣作用，波也可以像粒子一樣作用，這意味著「凡你認為真的，就是真的」，她堅持這個命題不容置辨。

聽完墨特簡報後，我接著參加一場研討會，主題是「最終新領域：無窮的心智！」。主持人是瑞貝卡・納吉（Rebecca Nagy），她是來自北卡羅來納州夏洛特市的婚禮牧師，自稱是「量子精神世界」的成員。一開始大家就跟著她複誦：「我們協助創造世界。」在創造前加上「協助」兩個字，顯然承認有比較傳統的創造者存在。投影片一張張播放，上面的圖片看似一些有衛星（又好像是電子）在周圍運行的行星。她說：「人類是量子（光能）訊號的接收體兼發射體。」她還請兩名自願者到會議室前面，幫忙證明心智有無窮的力量。納吉讓其中一人將兩根L型占卜棒（dowsing rod）拿在手上，告訴她去想自己愛的某個人。不過不管納吉把占卜棒擺到哪個方位，還是什麼也沒發生。於是她說：「請別妄下定論！可以嗎？請別妄下定論！」最後又擺了幾分鐘後，她咕噥著說：「沒效。」並且暗示可能是「因為我們在飯店才沒效」。

接下來，我的任務就是去了解，其他與會者對無法避開的偽科學瞎扯有何想法。他們都很友善，容易攀談。我直接表明對濫用量子物理學的疑慮，並跳過「你喜歡這場大會嗎」這類客套話，直接聊一些共同點或爭辯重要的知識。有幾位謹慎地承認無法理解量子物理學，不過沒人表現出心中存疑。有一場研討會，我坐在一位自稱商科教授的女性旁邊。我告訴她，我很擔心與量子物理學有關的那些說法。她回答說：「來這兒本來就是要接受震撼教育啊。」我說：「我不是這個意思，我是擔心那些說法和真正物理學的關係。」她客氣地回答說：「這就是我來這兒的原因啊。」除了「啊？」以外，我實在想不出要說什麼，於是她解釋說：「即將影響全球經濟的，就是量子物理學。」

我確實有找到一位心存懷疑的人。他是一場研討會的主持人，自稱「領導力教練」與「量子物理學家」，不過實際上他說自己只有原子物理學碩士學位。研討會結束後，我死纏著他逼供，他在無路可退之際，坦言「有些是胡扯」，不過也堅決認為量子物理學和新時代學派的想法「有許多共同點」。當我再加強逼供力道時，他告訴我，去質疑目前遭到濫用的量子物理學是沒好處的，因為「太多人相信那種說法了」。不過在我那些吹毛求疵的追問中，最令我詫異的是一位穿著昂貴服裝、來自南加州的人生教練的回答。我用三言兩語概述了對虛假的量子物理學感到不安後，她對我露出像醫師在治療病患的那種親切神情：「你是說量子物理學對妳沒效嗎？」

當下是我第一次在這群親切的人們中感到極度孤單。若大家可以依個人喜好來接受或否決科學，那麼她和我的現實世界有哪些共同點呢？若我認為太陽從西邊升起的這種說法「對我有效」，那她願意同意這種說法嗎？她願意接受那是我對事物的獨特詮釋嗎？不管是引用「振動理論」或量子物理學，不論引用的科學多麼沒格調，這些正向思想家願意費心思去求助於科學，或許我就該佩服他們了。用科學或貌似科學的論述作為一種信仰或世界觀的根基，目的就是為了打動不相信或不了解的人，告訴他們，若同樣有系統地去觀察與推論，也能獲得相同結論。也有人以神示或神祕的洞見作為世界觀的基礎，不過一般人無法認同這類基礎。換句話說，科學有很強的社交性，至於社交性強不強，完全取決於別人是否願意分享與宣傳其論述內容，不過這樣一來，在這種「凡你認為是真，就是真」的世界，人與人如何能連結呢？科學和多數的一般人際互動一樣，應該都是仰賴下列這個假設才對啊：除了我們自己之外，還有其他有意識的生物，大家都活在同一個物質世界，都必須面對世上所有驚喜、尖刻與危險。

正向思想家臆測，宇宙中**還**有其他人存在。事實是不是如此呢？若真是如此，那麼那些人重不重要呢？這些我們都還不清楚。要是他們和我們一樣想要項鍊那類的東西呢？或者，要是他們和我們希望看到的結果（像是選舉結果或足球比賽結果）完全不同呢？在《秘密》中，拜恩講了柯林的故事。柯林是個十歲的男孩，在迪士尼樂園為了玩遊樂設施，排隊等了很久，本來很沮喪，不過之前看過拜恩的影片，因此知道這麼想就行了：「明兒個我想去玩所有大型設施，而且絕對不用排隊。」結果，隔天早上他們一家人獲選為當天的迪士尼「第一家庭」，有優先搭乘權，不用跟「無數家庭」一起排隊。[27]那要怎麼解釋其他小孩呢？就因為柯林獲得《秘密》的力量，其他小孩就得苦苦等候嗎？還有那個求愛者的例子該怎麼解釋呢？一個女性在衣櫥和車庫為他空出空間，結果他就神奇地被那名女性吸引過去，請問這樣的結果是他自己要的嗎？還是他只是任由那位女性想像擺布的棋子呢？

有一晚，賴瑞金邀請《秘密》裡頭的幾位「導師」參加節目，當時這個理論激怒了賴瑞金。有位導師說：「我一直在規畫整個人生。坐在這兒與你面對面，談論我待會兒要說的事，就是其中一件我夢寐以求的事。所以我知道吸引力法則有效。」賴瑞金受不了這番話，因為這表示他是被「吸引」到別人生活中的對象。他突然大為光火，氣呼呼地說：「你們誰的夢想板上要是有我的照片，我就把它砸了。」這種情況對如此知名的談話節目主持人是很不尋常的，賴瑞金強調自己不只是別人夢想板上的照片，而是有個人意志的獨立生命體。

正向思想家想出來的，是個美好的宇宙，有大片閃耀著光芒的北極光。在那裡欲望能自由實現，一切事物都是完美的，至少都是如你想要的那麼完美。

夢想會自動實現，你只要清楚說出願望，願望就會成真。但是住在那地方的人肯定孤獨到極點。

第三章

美國樂觀主義的黑暗根源

The Dark Roots of Amcrican Optimism

為什麼會有那麼多美國人接受這種開朗自足的獨特世界觀呢？有些人認為答案很明顯：處理掉原住民後，美國就變成了「新」世界，充滿機會與財富。移居美國的人是從擁擠的歐洲給擠出來的，到美國後，每個移民都有大片土地。在這樣的國度，可想而知，悲觀與憂傷當然毫無立足之地。此外，美國國境不斷拓展，空間與天然資源看似無窮無盡。會有那麼多美國人採用正向思考作為共同的意識形態，絕對與上述這些因素有關。不過這些因素並非正向思考的根源：美國人會創造出正向思考，不是因為受到外在環境激發，相反地，是因為負向思考才創造出正向思考。

白人移民時帶到新英格蘭的喀爾文主義，可說是以社會力量強行壓抑人民的一種思想體制。文學家安．道格拉斯（Ann Douglas）曾撰文表示，喀爾文教派的神「完全目無法紀，是全能的，對自己創造出來的人民只會顯露仇恨，不會表達關愛」。[1] 祂掌管天堂，不過天堂的位子有限，人出世前，神就已經透過預選程序，選出有幸進入天堂的人了。人活在世間的任務就是不斷檢視「心中可憎的根源」，設法根除罪惡的想法，因為人若有罪惡的想法，肯定就是遭到天譴了。[2] 根據喀爾文主義，只有一種方法能讓人不再為自我檢視的工作所苦，那就是從事另一種勞動，像是清潔、栽種植物、縫紉、經營農場與做生意。只要身體或精神沒有辛勤工作，像是無所事事或尋歡作樂，都是為人所鄙視的罪行。

童年時，我接觸過喀爾文主義，不過是以一種淡淡地，而且與神無關的形式。我有一支祖先是從蘇格蘭遷過來的，當時地主認為把田地用來放牧能多賺點錢，於是祖先便帶著嚴格的喀爾文派長老會教義前往加拿大的英屬哥倫比亞省。由於我祖母那一輩有段時間極度貧困，因此我母親是由我曾祖父母扶養。雖然母親違背長老會的許多傳統，像是抽菸、喝酒、讀《金賽性學報告》之類的淫穢書刊，不過她在我們家中還是保存了一些長老會的樣貌。要是我們表現出情緒，母親就會罵我們「沒定性」，連微笑也不行；要是流眼淚，還會被賞耳光。大家認為，治療心情鬱悶的唯一解藥就是工作，因此我那整天在家、只有高中學歷的母親，一有時間就死命清潔環境和做家事，防止白閒著。她老喜歡說：「跪下就順便刷刷地啊。」

因此我能體會喀爾文主義（也可以廣義地稱之為新教倫理）的優點，像是自律，還有不接受神會無條件關愛世人的說法，並拒絕用這種想法來獲得慰藉。不過我也知道喀爾文主義令人痛苦的根源：工作。在世上努力工作、追求有目共睹的出色成就，是我們唯一的祈禱與救贖方式。工作不僅能脫離貧困，也能避免生活漫無目的，引發恐懼。不過我那愛爾蘭血統比較多的父親，幫我減輕了這種痛苦。

喀爾文教派的基本教義（同樣是非關神學的部分）流傳了下來，甚至在二十世紀末期以後，在美國文化中興盛起來。一九八〇年代與一九九〇年代，中層與上層階級把是否樂於忙碌視為判斷地位的標準。要找事來忙倒也容易，因為當時雇主對勞工要求日益增加，尤其新科技產品使工作與私生活失去界線後，勞工更是有得忙了：手機總在觸手可及的地方，筆記型電腦每晚都會帶回家。「多工」這個字彙和「工作狂」這個新問題，都被收錄到字典裡頭。當早期的菁英在誇耀自己多悠閒時，我們這一代的安逸階級卻迫不及待想展示自己精疲力竭的證據：總是在「參加決策小組」、總是有時間參加電話會議、總是樂意「做得比別人要求的更多」。學術界的人會更精確掌控每小時的工作量，而且認為工作過度是種美德，幾乎快把這種想法當成宗教來信奉。教授們喜歡誇耀自己背負多項責任，而且熱愛這種感覺；暑假不能去度假，得拚命做研究、寫報告。我拜訪過一對在學術界頗有成就的夫妻，到他們位於鱈魚角的夏季住所，他們得意地向我展示怎麼把客廳隔成兩人共用的工作空間。他們生活規律，每天做的事就是工作、吃午餐、繼續工作、下午去跑步。要是規律的生活被打亂，他們就會非常不安，彷彿覺得很容易墮入懶惰的罪惡深淵。

在美國殖民地，這種講究實際、嚴懲罪惡的意識形態是清教徒散播的，其中以新英格蘭州受影響最深，維吉尼亞州次之。這種意識形態無疑有助於清教徒在新世界求生，因為要在新世界求生就得努力不懈，不過清教徒也在喀爾文主義中辛苦求生。清教徒認為，喀爾文主義的壓力實在令人難以承受，因為它規定清教徒得永無休止地努力工作與檢視自我，直到憎惡自己的地步。喀爾文主義把小孩子嚇壞了，例如十七世紀有位法官名叫山謬．西沃（Samuel Sewall），他的十五歲女兒貝蒂就給嚇壞了。山謬・西沃描述道：「晚餐後不久，小女突然嚎啕大哭，全家人也跟著哭了起來。內人問她為什麼哭，她原本不肯說，最後才說是因為犯錯沒獲得原諒，怕會下地獄。」[3] 喀爾文主義讓大家心煩意亂。十七世紀初期的英格蘭，憂鬱大肆傳染，舉國都染上了，當時的作家羅伯・伯頓（Robert Burton）將之歸咎於喀爾文主義：

> 心懷憂慮的人最恐懼苦惱的，就是犯了太多過錯，無法忍受罪惡的重擔，深怕上帝震怒與不悅，認為自己……已經遭到天譴……對於揀選、永罰、自由意志、恩典，大家強烈好奇，做沒有必要的揣測，徒然沉思……太多人因此極度痛苦、飽受折磨。[4]

兩百年後，這種「宗教引發的憂鬱」在新英格蘭依舊大肆蔓延，經常使原本健康的成人憂鬱退縮，還會使人身體患病、內心驚恐。例如哈麗葉・畢雀・史托（Harriet Beecher Stowe）的哥哥喬治・畢雀（George Beecher），他精神飽受折磨，最後精神崩潰，一八四三年自殺。[5]

馬克斯・韋伯稱喀爾文清教宛如「冰霜」，雖然早期美洲不是唯一在其中顫抖的地方，[6]不過這個令人絕望又不寬恕人民的宗教之所以能加強掌控力，可能是新世界的環境造成的。早期移民往西部看，根本看不見豐隆的物產，只有「可怕的荒野，到處都是野獸、野人」。[7]在陰森的古老森林中，四周都是土生土長的「野人」，移民肯定和當初在人口擁擠的英格蘭一樣，感覺被團團包圍。不管喀爾文主義能不能安定民心，至少它讓這群信徒感到自豪，因為信徒認為，自己或許無法得救，但自己所屬的社會有嚴格的精神戒律，與眾不同，優於所有不潔、未開化、沒教會的社會。

十九世紀初，喀爾文主義的憂鬱雲霧漸漸散去。森林中先是開出道路，後來又鋪設鐵路。原住民不是向西逃竄，就是死於歐洲的疾病。隨著美國迅速拓展，人們可以一夕致富，不過也會一夜破產。在這個什麼都可能發生的混亂新時代，所有階層的人都開始重新思索人類的處境，拒絕再接受祖宗傳下來的嚴苛宗教。宗教歷史學家羅伯・奧西（Robert Orsi）強調，在十九世紀的美國宗教文化中，懷疑精神發酵，對於最根本的問題，「大家盡情發揮想像力，提出許多可能、矛盾、緊張的想法，像是上帝的本質為何？基督、救世、救贖等等的意義為何？」[8] 如詩人愛默生（Ralph Waldo Emerson）質疑同胞的這段話：「我們為何要在過去的枯骨中摸索呢？為何要現代人穿褪了色的服裝去參加化妝舞會呢？今日的太陽同樣閃耀，田野上有更多羊毛與亞麻。現在我們有新的土地、新的人民、新的想法，我們應該要求擁有自己的工作、法律、敬神儀式啊。」[9]

不只哲學家開始質疑宗教傳統，工人、小農夫和他們的妻子也發起大型運動，用集會與出版刊物來譴責「王室、神職人員、律師、醫師」等職務，堅持個人判斷至上。菲尼斯・帕克思・昆比（Phineas Parkhurst Quimby）就是參加這項運動的人士之一。他是無師自通的製錶師傅兼發明家，住在緬因州波特蘭市。他在日誌中寫滿了玄學思想，談論他所謂的「生活快樂學」，其主張是，專注於快樂就是在默默譴責喀爾文主義。在此同時，中產階級女性也惱怒喀爾文主義令人深感罪惡的父權主義，她們堅信有更博愛的母性神祇。其中一位最具影響力的女性就是瑪麗・貝格，現在大家都稱她為瑪麗・貝格・愛迪（Mary Baker Eddy）。她父親是農夫，篤信主張罪人會下地獄的喀爾文主義，收入僅能勉強餬口。愛迪和昆比一樣，是無師自通但才疏學淺的玄學家。就是兩人在一八六〇年代相會，才引發了我們現在稱之為正向思考的文化現象。

喀爾文主義衰退後產生的這種新思考方式成了一股知識潮流，一般人稱之為「新思想」或「新思想運動」（New Thought Movement），它引用的思想包括愛默生的超越論以及史威登堡之類的歐洲神祕流派，甚至還參雜了一些印度教義。新思想簡直就是專門用來斥責喀爾文主義的，許多新思想的擁護者小時候都很怕喀爾文主義。新思想的人認為，神不再心懷敵意、冷漠無情，神是一種無所不在、無所不能的「精神」或「心靈」，而且「人」實際上也是精神，所以人與神存在於同一境界中。他們還認為，世界上只有「一個心靈」，這個心靈無窮無盡、包羅萬象，因此，既然人類也是這個宇宙心靈的一部分，那怎麼會有罪這種東西呢？若世上真有罪存在，那只是「不小心出錯」了，就像疾病一樣，因為萬物都是精神、心靈或神，萬物實際上都是完美的。

新思想主張，人類只要取得精神的無窮力量，就能掌控物質世界。現代談論「吸引力法則」的書不斷宣傳這種振奮人心的事確實可能發生，愛默生也是滿心期待地寫道：「人類正在了解偉大的祕密，這個祕密就是，人類運用意志不僅能掌控特定事件的發生，還可能促成許多事件發生，甚至能影響所有事件，使我們順心如意。」[10]

新思想的擁護者在十九世紀遭遇重要的現實考驗，而「新思想」輕鬆通過考驗，若非如此，新思想至今可能還只是茶餘飯後的話題，或偶爾出現的演講主題。根據新思想的理論，疾病是原本完美的心靈受侵擾造成的，只要運用心靈就能治癒。可惜，光靠心理治療似乎無法治癒蹂躪美國的傳染病，直到十九世紀末，政府推行公共衛生措施，才控制了白喉、猩紅熱、斑疹傷寒、結核病、霍亂之類的傳染病。不過昆比和愛迪發現，許多中產階級美國人患了不知名的慢性病，導致身子虛弱，長期體弱多病，而心理治療對這類的病有療效。

近十九世紀末，大家稱這種病受「神經衰弱症」，症狀繁多，而且遍及全身。比方說，愛迪的一位姊妹說，愛迪十幾歲時為「胃部潰瘍」和「肺部潰瘍」所苦，「在那之前還患過其他的病」。[11]愛迪年輕時因為脊椎問題、神經痛、消化不良，長期體弱多病，而且一位醫生說她「有歇斯底里的症狀，情緒一激動就大發脾氣」。[12]多數患者和愛迪一樣，有背痛、消化不良、極度疲憊、頭痛、失眠、憂鬱等症狀。當時就有人懷疑神經衰弱症和現在的慢性疲勞症一樣，並非「真病」，患者只是想藉此來引人注意以及逃避家務和社會責任。可是各位別忘了，當時還沒有止痛藥、安全的瀉藥，抗憂鬱藥物當然也沒有。當時只要身體不適，醫生經常先囑咐病人在床上休息久一點，根本不管這麼做會產生什麼不良後果。

神經衰弱症不太會致命，不過有些觀察者認為，這種病的破壞力和傳染病相比，毫不遜色。凱薩琳・畢雀（Catharine Beecher）是哈麗葉・畢雀・史托和喬治・畢雀的姊姊，她到全國各地旅行後表示：「全國女性的健康嚴重惡化。」她記下這類的實地考察紀錄：「威斯康辛州密爾瓦基市考察紀錄。陳太太經常偏頭痛。林太太身子非常虛弱。劉太太除了打寒顫以外，身體無恙。王太太經常頭痛。張太太健康狀況非常糟……在這地方找不到健康的婦女。」[13]受害的不只有女性而已，美國心理學奠基人威廉・詹姆斯（William James）年輕時也是體弱多病，還有當上醫師後創了神經衰弱症這個詞的喬治・畢爾德（George M. Beard）也是。不過因為體弱多病而失去部分人生的知名女性令人印象深刻，像是夏綠蒂・柏金斯・吉爾曼（Charlotte Perkins Gilman），她在《黃壁紙》（*Yellow Wallpaper*）這本著作中，紀念完全沒效的治療經歷；珍・亞當斯（Jane Addams），她是第一所睦鄰之家（settlement house）的創辦人；瑪格麗特・桑格（Margaret Sanger），她是節育改革人士；伊蓮・理查茲（Ellen Richards），她是家政學的奠基人；愛麗絲・詹姆斯（Alice James），她是威廉・詹姆斯和亨利・詹姆斯（Henry James）的妹妹；凱薩琳・畢雀本身是這種病的記錄者之一，「有歇斯底里的症狀，偶爾還會身體痲痺」。[14]

畢爾德絲毫沒有責難患者動機可疑，反而認定神經衰弱症和白喉之類的疾病截然不同。當時人們首次查出白喉之類的疾病是體外病源（也就是微生物）造成的。而畢爾德所謂的神經衰弱症，顧名思義，則是神經功能失常。畢爾德認為，這病似乎是人受到新環境刺激而引發的：當時美國城市快速成長、數量也日益增加，社會極度不穩，有些人無法應付新環境。他認為，患者是因為神經過度緊張而導致功能失常。

體弱多病的現象癱瘓了美國中產階級。不過會引發這種現象，與人們受制於舊宗教的關聯較大，與新環境造成的刺激關聯較小。在某些方面，體弱多病純粹延續自「宗教引發的憂鬱」。大概在清教徒出發前往普利茅斯時，羅伯・伯頓就在英格蘭研究這種憂鬱了。許多因宗教而憂鬱的人都是在喀爾文主義的傳統思想中長大，終其一生背負著喀爾文主義造成的傷疤。例如，某個安息日，愛迪的父親看到幾個孩子在玩弄一隻溫馴的烏鴉，氣得當場用石頭砸死烏鴉。喀爾文主義的預選論讓愛迪小時候飽受折磨，因而生了病，她曾說道：「若兄弟姊妹們注定要永遠被神屏棄，那我也不要獲得救贖。想到預選論這個謬誤的教義，就萌生了這個念頭，心情就亂糟糟的。家人請醫生來幫我看診，結果醫生說我發燒了。」[15]

同樣地，凱薩琳和喬治的父親里曼．畢雀（Lyman Beecher）在子女小時候，強烈要求子女要「苦思」靈魂是否健康：「必須定時檢視心靈，查看有沒有罪惡或放縱自我的徵兆。」[16]畢爾德生於嚴格遵奉喀爾文主義的家庭，本身也為喀爾文主義所苦。他後來轉而譴責喀爾文主義的錯誤教育，因為它不斷灌輸小孩「快樂是罪行」的觀念。[17]就算不是在喀爾文主義的宗教傳統中長大的人，通常也得忍受以「小孩是粗野的，必須管教導正」這種觀念為根本的教養方式。這樣的教養方式在美國中產階級文化一直揮之不去，直到一九四〇年代班傑明．斯波克（Benjamin Spock）提倡「寬容的」教養方式後才消失。

有人認為十九世紀人們體弱多病，是因為面對環境過度快速發展，導致神經衰弱，不過有個更明確的理由駁斥了這樣的想法。若畢爾德的假設是正確的，那麼神經衰弱症的受害者主要應該是推動經濟持續發展的重要人士，實業家、銀行家、一八四八年淘金熱的探礦者應該會暈倒，臥病在床才對啊。結果，在十九世紀的瘋狂競爭中，健康惡化，變得體弱多病的反而是那些最與世無爭的人，例如神職人員。在那個時代，在巨型教會和電視牧師出現之前，神職人員大多過著與世隔絕、閉關沉思的生活，經常終生住在同一個地區。但是十九世紀的神職人員卻體弱多病，這個負向聲譽眾人皆知。安．道格拉斯引述一八二六年的報告：「許多神職人員健康狀況不佳，已經或漸漸無法勝任職務。他們有消化不良與肺癆的問題，身形日漸憔悴。」[18]

根據統計，體弱多病或神經衰弱的人，以中產階級女性最多。男性的偏見禁止她們接受高等教育與從事多數職業，而婦女原本可以在家從事一些生產工作，像是縫紉與製造肥皂，但工業化後，這些工作紛紛被剝奪了。如此一來，許多女性就只能以體弱多病為業了，成天躺在躺椅上，由醫生和家人照料，全心投入研究新藥和療法，無法再「像男性一樣」在世上打拚。體弱多病甚至蔚為風尚，一位幫愛迪寫傳記的作家寫道：「一八三〇年代到一八四〇年代，年輕女子漸漸認為身子病弱、不能勞動頗吸引人。就連在新罕布夏州的鄉村地區，時髦的年輕女性，像是貝格家的女孩們，每天都有足夠的機會看許多雜誌小說，以了解時尚。」[19]

十九世紀的女性文化存在著這類沒有必要的奢望與病態的感傷情緒，從這裡我們也可以看出被喀爾文主義抓傷的痕跡。這個舊宗教只提供一種方法來撫慰受折磨的靈魂，那就是在物質世界辛苦工作。若不辛苦工作，就只能憂鬱地內省，而憂鬱內省很容易導致消化不良、失眠、背痛和神經衰弱等相關症狀。儘管女性體弱多病曾經蔚為風尚，但那是被迫賦閒、感覺一無是處而衍生出來的毛病，而且患者確實會感覺到精神上與身體上的痛苦。愛麗絲．詹姆斯在數十年體弱多病後，被醫生診斷出罹患乳癌，只剩幾個月好活，但她卻滿心歡喜。

有些男性年輕時對生涯猶豫不決，賦閒一段時間，這樣有時也會導致神經衰弱症，畢爾德就有過這樣的經歷。同樣地，威廉．詹姆斯早年選擇就讀醫學院，但不確定這個選擇是對或錯。二十四歲時，有一次在解剖課彎腰解剖屍體時，背部肌肉突然抽痛，本來就已經為失眠、消化疾病、眼疾所苦的他，此時更陷入沮喪，感到無力。他認為醫學這個行業太不科學、太不合邏輯，但是又想不到其他工作可做，因此寫道：「在找到特別的志業之前，我會一直恨自己。」[20]女性沒有「志業」；而神職人員的日常工作不僅雜亂不定，且和女性的一般工作有些雷同，像是訪視病患。若沒有真正的工作，也就沒有「志業」，喀爾文教派的信徒或受喀爾文主義影響的人就會鎮日厭惡自己。

主流醫療人員無法有效治好體弱多病，很多介入治療實際上是有害的。至今依舊有醫生用放血來治療病患的各種症狀（通常是用水蛭來放血）。醫生非常喜歡用的治療藥物就是含水銀的甘汞，但這種藥物會造成下巴潰爛。在費城，有位聞名全美的醫師用軟質溫和的食物來治療體弱多病的女性，並且要病患在昏暗的房間內休息數星期，不准閱讀和說話。當時盛行的「科學」觀點是，女性體弱多病是天生的，甚至是無可避免的，生為女人就是一種病，家中若有人不幸體弱多病，就得全力求醫。沒人清楚為什麼男性有時也會體弱多病，不過男性接受的治療也是放血、通便，並強迫長期休養。

主流醫學無力遏止體弱多病擴散，加上主流醫學的許多介入治療釀成了悲劇，另類的治療者因而有機會一顯身手。昆比就是在此時嶄露頭角，一般人認為他是新思想運動的創辦人，他也因此成了今日正向思考的始祖。他不喜歡醫學，認為醫學只會引發疾病，對健康根本無益。他曾涉獵催眠術、玄學、製錶一段時間，一八五九年當起治療師，幫人治病。他是位無畏大膽的思想家，不過完全不反對宗教。他很快就發現，許多病患的病灶就是喀爾文主義。歷史學家羅伊．安克（Roy M. Anker）表示：「昆比認為，老派的喀爾文主義壓抑人們，它的道德訓示限制了人們的生活，加諸沉重的罪惡重擔，使人身體衰弱，引發疾病。」[21]昆比用「談話治療」獲得了小小的名氣。他努力說服患者相信宇宙根本上是仁慈的，所有人都是「心靈」，而宇宙則是由所有的「心靈」構成的，每個人都能用心靈的力量去治療或「矯正」疾病。

一八六三年，時年四十二歲的愛迪到波特蘭向昆比求助。那段旅行在當時相當艱辛，因此她抵達後，身體非常虛弱，得靠人抬上階梯，進入診察室。[22]愛迪從小就體弱多病，只能在身子強健一點時，讀讀書、寫寫字。要是有人願意資助，她或許會樂於繼續過那樣的生活。可是她的第一任丈夫去世了，第二任丈夫逃跑了，丟下一貧如洗、年近半百的她，害得她只能住在有提供膳食的寄宿住所，而且得不斷遷居，有時還是為了逃避支付房租。她可能對英俊親切的昆比動了心，而昆比可能也對她動了情，不過昆比夫人絲毫不信任這位有點矯揉造作、過度依賴的新病人。不論愛迪與昆比是什麼樣的關係，愛迪不久後就自稱痊癒了。三年後昆比去世，她便將昆比的學說占為己有。不過我還是得提一下，愛迪的信徒至今依舊堅稱，愛迪是新思想療法的開山鼻祖。無論如何，昆比證明了新思想是有實效的療法，而愛迪則加以發揚光大。愛迪不只是著作豐富的作家，也是魅力無窮的導師。

最後愛迪白創基督科學教（Christian Science）這門教派，獲得龐大財富，該教的「閱覽室」至今依舊處處可見。她的學說要義就是：物質世界並不存在，世界上只有思想、心靈、精神、美德、關愛（她也常用接近經濟學的術語，說世界上只有「供應」），因此世上不可能有疾病或貧困，那些只是短暫的錯覺。今日，在蘇・墨特之流的「教練」的教授內容中，也可以發現同樣的神祕論調：世界是由心靈、能量、振動組成，我們的意識擁有潛在的力量，能控制這些組成元素。這就是基督科學教的「科學」根基，而正向思考則以「量子物理學」（或磁力學）為「科學」根基，兩者非常相似，只不過基督科學教在十九世紀是以真正的宗教之姿崛起，與基督教喀爾文教派對立。

然而，長期來看，影響許多人改信昆比的新思想療法的並非愛迪，而是威廉・詹姆斯，他是美國第一位心理學家，絕對是篤信科學的。詹姆斯曾找昆比的另一位門徒（原本也是患者）安妮塔・椎瑟（Annetta Dresser），請她幫忙治療身上五花八門的雜症。[23]椎瑟肯定順利治好詹姆斯的病了，因為詹姆斯在最有名的著作《宗教經驗之種種》（*The Varieties of Religious Experience*）中，表示對新思想療法深感興趣：「接受治療後，盲人重見天日了，瘸子健步如飛了，終生體弱多病的人恢復健康了。」[24]新思想是一套亂無章法的哲學，但是詹姆斯認為這並不重要，因為它有效。他認為，「新思想是唯一確實由美國人原創的系統化生活哲學」，用「具體療效」取得一席之地，而非哲學辯論，這對美國的實用主義是一大貢獻。新思想在實效層面獲得了巨大勝利，治好了喀爾文主義病，詹姆斯所謂的「地獄受難憂鬱症」。[25]

詹姆斯認為新思想不僅是新療法，也是嶄新的世界觀。新思想當時非常普及，「大家經常可以從別人身上間接學到這股精神」，他這麼寫道：

> 敝人不僅經常耳聞「放鬆福音」與「無憂無慮運動」，還聽說有人早上穿衣時會反覆對自己說「年輕、健康、活力」，把這句話當作每天的座右銘。許多家庭紛紛禁止抱怨天氣，越來越多人認為談論不愉快的感覺、對生活中尋常的麻煩與疾病小題大作，都是不好的做法。[26]

他是科學家，因此很討厭新思想的許多文學，認為這類文學「充斥不切實際的樂觀，說法含糊其辭，受過學術訓練的人應該都會認為這類文學簡直難以閱讀」。不過，他依舊讚揚這種新的思考方式是「思想健全的」，並且引述另一位學者的話表示：「若這一切都是騙人的，那我實在很難理解，基督科學教和新思想的其他流派怎麼能吸引那麼多知識分子。」[27]

到了二十世紀初，細菌致病論確立，促成了科學醫學崛起，漸漸地，新思想的療法變得看似落伍。中產階級家庭主婦離開病榻，起身在家中與微生物搏鬥，學習伊蓮．理查茲的「家政學」。一九〇一年就任總統的泰迪．羅斯福，提倡強身健體的積極生活運動，要大家以這個新信條為典範，連偶爾打盹兒都不准。在新思想的諸多流派中，只有基督科學教堅持心靈能克服身體障礙，主張「思想」無病不治，結果經常造成悲劇。二十世紀末，甚至有擁護者寧可反覆研讀愛迪的著作，也不願服用抗生素或接受手術。高瞻遠矚的新思想擁護者則棄守健康這塊領域，轉而開始協助人們取得成功與財富。美國的正向思想家到一九七〇年代，才敢重申自己能治療乳癌之類的身體疾病。

不論正向思考的中心信條多「瘋狂」，由於有威廉．詹姆斯的科學認可和「美國最受寵的哲學家」愛默生的認同，正向思考還是在十九世紀興起。諾曼．文生・皮爾（Norman Vincent Peale）是讓「正向思考」這個詞廣為流傳的人，他在二十世紀中葉的著作頻頻搬出詹姆斯和愛默生，不過他最常引用的還是《聖經》。正向思考能獲得良好聲譽，詹姆斯厥功至偉，但他這麼做不是因為認為正向思考的智慧能服人，而是因為正向思考取得了無可否認的成果，能「治療」受喀爾文主義折磨、體弱多病的可憐人。這裡有個非常諷刺的地方：喀爾文主義造成體弱多病普及，反而造就了摧毀自己的工具，這就像喀爾文主義將匕首交給新思想或後來一般人所稱的正向思考，刺進自己的胸膛。

不過等等，故事最後有意外轉折。若要說正向思考的貢獻是清楚提出能替代喀爾文主義的信仰，那麼它的缺點就是，最後反而保存了喀爾文主義某些有害的特色，像是嚴厲的批判主義（與喀爾文教派的譴責罪愆如出一轍）和堅決要求大家時時在心中努力檢視自己。在美國，用來替代喀爾文主義的新主義並非享樂主義，這個新主義甚至不重視發自內心的情緒。正向思考家依舊把情緒當嫌犯，認為人必須無時無刻監視內在生活。

在許多重要層面，基督科學教從未徹底和喀爾文教派切割。基督科學教在二十世紀的信徒絕大多數都是中產階級白人女性，生活習慣非常節制，甚至習慣犧牲自己。父親是「科學家」的英國作家普瑞契特（V. S. Pritchett）寫道：「基督科學教的信徒戒掉菸、酒、茶、咖啡、危險藥物，甚至戒掉性愛，婚姻還因此毀了……基督科學教是停經婦女的宗教，這點遠近皆知。」[28]愛迪甚至在晚年又發明一種惡魔，來解釋為什麼在完美的宇宙，萬事總是無法盡如她意。天候惡劣、物品遺失、著作印刷有缺陷，她把這些事全歸咎於「邪惡動物磁力」（Malicious Animal Magnetism），而會發射這種磁力的敵人純粹是她想像出來的。

在我的家族中，扶養我母親的曾祖母，在人生的某一刻，由長老會改信基督科學教，改宗過程顯然天衣無縫，祖母完全被蒙在鼓裡，因此祖母後來才會在信中稱許曾祖母是「優秀的基督教女性」。母親對基督科學教和對長老會一樣興趣缺缺，不過她倒是堅信一個刺耳的信條：就算疾病不全然是人幻想出來的，也只有脆弱與輕信人言的人才會生病。母親認為，經痛與消化不良都是無所事事的女性幻想出來的，只有發燒或嘔吐才能請假不去學校。換句話說，疾病是個人不盡責造成的，甚至是一種罪愆。我還記得，有一次我非常驚恐地向母親坦白，說我在學校上課時看黑板很吃力。結果母親的回答卻是：「我**們**這種人不需要眼鏡。」

不過舊的喀爾文教派與新的正向思考之間，最引人矚目的連貫性就是兩者都堅決要求要工作••，也就是在內心不斷努力督促自我。喀爾文教派的信徒必須監視自己的想法與感覺，尋找散漫、犯錯、放縱的徵兆；正向思考家則是永無休止地防堵憂慮或懷疑等「負向想法」。社會學家米琪・麥姬（Micki McGee）曾撰文談論提倡正向思考的勵志書，重提正向思考的宗教前身：「正向思考主張，永無休止地改善自我，不僅是通往成功的道路，也是凡人獲得救贖的方法。」[29]於是自我便成了敵人，人必須永無休止地與自我搏鬥。喀爾文教派以自我有犯罪傾向為由，正向思考家則以自我有「負向想法」為由，對自我加以攻擊。正向思想家經常建議大家在手腕上戴橡皮筋，以消除負向想法，從這個建議就可清楚看出，正向思想家與負向想法誓不兩立：「負向想法一出現，就拉長橡皮筋，然後放開。啪地一彈，肯定會痛。若橡皮筋夠粗，甚至會留下痕跡。別緊張，這不是要讓你受重傷，只是要讓你產生為了避免疼痛而不去想負向想法的反射機制。」[30]

要改善自我，必須能做到一種令人費解的自我離間，將自我離間成兩面，一面是必須改善的自我，另一面是負責改善的自我。因此，正向思考的書籍中，

「法則」、工作表、自我評估表、練習，處處可見，這些實作指示都是用來教導我們該如何去調整或改造另一面自我。二十世紀，正向思想家大多把健康問題丟給醫界處理，一切自我改善的目標變成了取得財富與成就。一九三〇年代，拿破崙．希爾（Napoleon Hill）寫了《思考致富》這本正向思考的巨著，有系統地說明眾所周知的新思想玄學：「思想是事物。其實思想能產生吸引力，使思想中的事物成真，所有想法中的事物都會變成實物。」希爾向讀者再三保證，把思想轉變成實物的所有步驟，做起來並不「費力」，不過要是漏了任何步驟，「就會失敗！」簡言之，追求財富的人必須撰寫聲明書，把想獲得的確切金額和希望財富到手的最晚日期都寫上，然後「每天大聲唸那份聲明兩次，一次在晚上就寢前，一次在早上起床後」。確實這麼做，就能操控「潛意識心智」（希爾用這個詞來稱必須改善的那面自我），使潛意識心智「熱切渴望金錢」。若要進一步把潛意識心智與意識層面的貪婪欲望套在一塊，希爾甚至建議讀者：「每晚大聲完整朗讀本章一次。」[31]

向二十世紀多數美國人、乃至於向全球世人建議要不停正向思考的書，是諾曼．文生．皮爾在一九五二年所著的《積極思考的力量》（*The Power of Positive*

Thinking）。皮爾是主流的新教牧師，由於受到新思想的提倡者厄尼斯・洪斯（Ernest Holmes）影響，生涯早期就受到新思想吸引。他後來寫道：「從小就認識我的人才能徹底體會厄尼斯・洪斯為我做了什麼。為什麼這麼說呢？因為他教我學會正向思考。」[32] 皮爾最後皈依衍生自喀爾文教派的荷蘭改革宗教會（Dutch Reformed Church），不論他是否認為正向思考和這個教派的教義有抵觸，至少他沒有為此煩惱。他畢業自神學院，成績平平，非常討厭神學辯論，決心讓基督教變得有「實效」，能解決人們的財務、婚姻、生意等一般問題。他和十九世紀新思想領導人一樣，自認是治療師。不過皮爾認為，二十世紀的疾病並非神經衰弱症，而是他所謂的「自卑情結」（inferiority complex），他自己也終生都在對抗自卑情結。長期暢銷書《積極思考的力量》出版好一段時間後，他在另一本書中寫道：

> 有個人告訴我，他對自己非常苦惱。「不只有你這樣。」我這麼回覆他時，心裡不只想到人們寫給我的諸多求助信，也想到自己，因為我得承認，這些年來給我惹來最多煩惱的，正是諾曼・文生・皮爾……若我們是自己的最大問題，那麼我們就得在慣常占據與控制心智的那類想法中，找出根本

肇因。[33]

換句話說，我們已經知道敵人了。敵人就是我們自己，也可以說是我們的想法。不過幸好人能監視與矯正想法，「直到能自然而然想到正向想法，調整到最佳狀態」，[34]這句話是歷史學家當諾・邁爾（Donald Meyer）對皮爾的總評。現代人可能稱這種做法為「改造」，不過一如皮爾經常沮喪地指出的，由於人很容易重新陷入負向思考，因此必須反覆改造。在《積極思考的力量》中，皮爾提出「十項簡單有效的法則」，也可稱為練習，前三項是：

一、描繪自己功成名就的心靈畫面，把那個畫面深深烙印在心智上，使它無法抹滅。牢牢記住那個畫面，絕不能讓它變模糊。如此一來，你的心智就會設法實現那個畫面……。

二、心智中一旦出現負向想法、質疑自己的能量時，要刻意大聲說出正向想法來消除負向想法。

三、不要去想像更多障礙，不要把所謂的阻礙放在眼裡，要儘量減少障礙。[35]

皮爾相信讀者能自己想出正向想法，但是過了一段時間後，正向思考的宣揚者漸漸認為有必要提供「肯定詞」或「宣示詞」之類的腳本給讀者。比方說，哈福・艾克在《有錢人想的和你不一樣》中寫出下列指示，教讀者消除逗留不去的抗拒想法，以順利取得自己應得的財富：

將手放在胸口上，說……
「我羨慕有錢人！」
「我祝福有錢人！」
「我熱愛有錢人！」
「我也要變有錢人！」[36]

這種改造工作是永遠沒完沒了的，因為一旦失敗，負向想法就會瞬間故態復萌。所以人必須像當代大師史考特・派克（M. Scott Peck）說的：「要永無休止地監視自我。」[37]或者，也可以用比較正向的角度來解讀：人必須不斷提高目標，因此必須永無休止地改造自我。不要滿足於現狀，套一句勵志書作家史蒂芬・柯維（Stephen Covey）的話，「要精益求精」，要承認自己能做得更好。知名激勵專家東尼・羅賓斯（Tony Robbins）這麼說過：「設定目標後，就表示你認同『CANI』（Constant And Never-Ending Improvement，意思是永不休止地改善）！也就是說，你承認人人都必須永不休止地改善。當人因不滿足而感到壓力或因短暫不安而感到緊張時，都會產生一股力量，這種生活中的痛苦力量正是你想要的。」[38]

在講述正向思考與自我修練的故事中，讀起來最累人的莫過於激勵講師基特瑪講述他如何取得並保持正向態度的故事了。我們之前談過基特瑪要求大家和「負向的人」斷絕往來，這種做法就像老派的喀爾文教派要求驅逐罪人一樣。但基特瑪並非生來就有如此自信的正向態度。一九七〇年代初，他的生意「乏善可陳」，婚姻「不美滿」，妻子還懷了雙胞胎。接著他和一家名為「嚮往偉大」（Dare to Be Great）的行銷公司合作，該公司的創辦人現在宣稱，在二〇〇六年《秘密》這本暢銷書問世的三十五年前，他就開始宣揚其中的祕密了。基特瑪的新同事們告訴他：「培養正向態度就能賺大錢，加油、加油、加油！」於是他賣掉公司，全力改善自己，每個星期看勵志影片《挑戰美國》（*Challenge to America*）超過五遍，著了迷似地和新同事們一起反覆閱讀希爾的《思考致富》：「每人每天都得負責撰寫並發表一章讀書報告，那本書有十六章，每次十個人參加，我們就這麼做了一年。各位算算就知道那本書我讀了幾遍。」[39] 一開始，基特瑪充其量只能裝出正向態度：「朋友會問我覺得如何，就算心情爛透了，我還是會高舉雙臂大叫：『太棒啦！』突然間，有一天睡醒後，發現自己有正向態度了……我成功了！我成功了！」[40]

若把《思考致富》換成《聖經》，各位同樣可以聽到基督徒訴說讀完《聖經》後皈依基督教的故事，精彩程度絕對不輸基督教的那些傳說。基特瑪就像十七世紀喀爾文教派經典巨著《天路歷程》（*The Pilgrim's Progress*）中的那名英雄，為家庭所累，不過他不是陷入罪惡感之中，而是陷入沮喪之中，自覺平庸，無法自拔。然後基特瑪就像班揚（John Bunyan）筆下的那名英雄，為了改造自己，擺脫舊事業和首任妻子。喀爾文教派不單要求信徒短暫皈依，而是要信徒終生檢驗自我。基特瑪的正向態度也是如此，需要不斷「維修」，而維修的方法就是「每天早上閱讀正向文字，每天早上想正向想法……每天早上說正向的話」，諸如此類。[41]

這就是維修工作，為了清楚說明這點，基特瑪在《正向態度小金書》(*Little Gold Book of YES! Attitude*)中附上一張自己的照片，照片中的他穿著維修工人的藍襯衫，戴著「正向態度維修部」的工作證。

愛默生曾呼籲國人同胞，擺脫喀爾文主義的枷鎖，擁抱充滿新土地、新人種、新思想的富足世界，不過當時他心中想的才不是要大家複誦自我肯定的話、勾選工作表、強迫自己反覆閱讀快速致富的書。他是神祕主義者，好談超越主義的啟發經驗：「我化為宇宙之眼，我是無物，看見了萬物……所有卑劣的自負心態消失殆盡。」[42]處於這類狀態時，自我不會分為改善者和接受改善者這兩面，自我會消失；而且宇宙不可能是「供應源」，因為人的自我意識必須有欲望、工心計，才會認為宇宙是「供應源」。可是若說人有自我意識，那萬物合一的理論就不攻自破了。況且，要達到超越主義所說的萬物合一，人不需要檢驗自我、協助自我、改善自我，只需要遺忘自我。

不過，相較於成天擔心會不會下地獄與遭天譴，擔心有沒有機會成功當然好多了；在內在的自我中尋找力量當然也好過於尋找罪惡。問題是，人為什麼得在心裡一刻不得閒呢？為什麼不向別人伸出關愛同情的雙手呢？或為什麼不仔細看看自然界，想辦法理解自然界呢？愛默生可能會這麼問：「外頭有大千世界等著你去探索，為什麼要躲起來自省，搞得心神不寧呢？有那麼多實際工作尚未完成，為什麼要花那麼多時間改善自己呢？」

二十世紀中葉起就有非常實際的答案了：越來越多人工作時需要正向思考，並且做到培養正向思考的一切修練，像是自我改善和自我維修。皮爾和所有人一樣懂這點：美國人，尤其是與日俱增的白領階級勞工，他們的工作大部分都是在改善自己，好讓雇主、客戶、同事、潛在客戶更加認同自己、甚至喜歡自己。正向思考不再只是憂慮者的慰藉，不再只是身心失調症患者的解藥，漸漸成了強加於所有美國成人的義務了。

第四章

讓人生意興隆的激勵產業

Motivating Business and the Business of Motivation

在今日，若你還無法擺脫「負向思考」的困境，那可就沒藉口為自己開脫了。現在推廣正向思考的這個產業已經發展得非常健全，這一行的產品叫作「激勵」，價位很廣。各位可以買傳統書籍和由作者主講的CD與DVD，或者選擇比較強烈的體驗，像是聘請教練或參加一星期「研討會」，有錢的人可以選擇在週末到充滿異國風情的地點，參加大牌激勵講師主講的研討會。不然也可以購買許多種沒有生命的、用來膜拜的激勵產品，像是海報、日曆、咖啡杯、桌上飾品，上頭全都寫著鼓舞人心的文字。成功飾品公司（Successories）專賣激勵產品，包括「正向夥伴」系列產品，以及穿著救生裝備的「海星娃娃」，上頭還寫著「勇敢追夢」。最近有家精明的零售商設計了「美好生活」系列產品，包括T恤、毯子、旗幟、行李標籤、狗項圈、備胎罩。

一開始先買的是什麼並不重要，因為買了一個產品後，免不了又會再買其他產品。激勵大師寫書的目的就是要別人請他們去演講，而演講則又讓大師有機會賣書或兜售當下推出的產品，有的產品和追求正向態度並沒有明顯關係。例如超級明星級的激勵講師東尼．羅賓斯在網站上除了賣書，還賣營養補品，一度還大力推銷Q-Link，這是一種墜飾，據說戴了能防手機輻射。每年各大城市會舉辦三十場「激勵大會」(Get Motivated!)，吸引無數潛在客戶加入激勵市場。每人只要約五十美元的低價入場券，就能聽前國務卿柯林．鮑爾（Colin Powell）與喜劇演員比爾．寇斯比（Bill Cosby）之類的名人演講。激勵大會會舉辦許多活動，根據新聞報導有「陳腔濫調的談話、激勵演說、笑話、購物節目、預製的愛國主義宣傳片、基督教傳教活動」。不過所有活動的主要目的還是在展示眾多產品，包括書、卡帶、私人教練課程、正向思考的進階訓練課程。[1] 市場數據公司（Marketdata Enterprises Inc.）專門追蹤這類激勵產業，該公司的約翰．拉羅沙（John LaRosa）說：「套一句他們說的話，基本上，會場外面是賺錢的地方，兜售書籍、卡帶、多媒體套裝產品。」[2]

購買這些產品的人多不勝數，患重病的人、失業的人以及工作有風險的人特別容易心動。二〇〇七年，我認識了一位房地產經紀人，名叫蘇．善心（Sue Goodheart）。我在她帶我去看房子的途中，偶然提到自己正在研究激勵講師，她聽完後露出笑容，一臉懊悔地指向車子後座。我看向後座，發現一堆激勵CD。我調侃她「使用激勵產品成癮了」，她告訴我自己是勞工出身，以前從來沒人鼓勵她要為自己訂定遠大的目標。後來，一九九〇年代時，她的公司請了一家叫和平會（Pacific Institute）的激勵公司舉辦五天研討會，談論「設定目標、正向思考、觀想、遠離舒適圈等主題」。那時她才開始認為自己能作主，有可能功成名就。不過那次接觸激勵產業的效果根本不夠，於是挨家挨戶去拜訪客戶的途中，她就繼續在車上聽激勵CD，一方面是因為「業務員是孤獨的」，一方面則是因為CD能幫她「更上層樓」。

不過激勵產業若完全仰賴散戶，就不會成為現在這種價值數十億美元的產業了。（根據市場數據公司估算，二〇〇五年所有「自我成長商品」的美國市場，包括談論生意、飲食、人際關係的卡帶、書籍、教練，總值為九十六億美元。不過該公司還附帶說明：「這塊市場和私營競爭公司的資料依舊難以取得，多數公司或組織都不願透露營收、參加課程人數、營運情況、成長速度。」二〇〇四年五月二十四日，《舊金山紀事報》的史狄分．溫〔Steven Winn〕寫了〈克服惱人的恐懼感，不再害怕成功〉〔Overcome that Gnawing Fear of Success〕這篇文章，上頭提到二〇〇四年《潛力》〔*Potentials*〕雜誌估計，所有激勵產品的市場每年價值兩百一十億美元。在《國際教練聯盟全球教練研究》二〇〇八年二月修訂版的〈執行摘要〉中，國際教練聯盟〔International Coach Federation〕估計，二〇〇七年全球教練總共入袋十五億美元，其中又以企業教練居多。）激勵產業開拓了極度龐大、揮金如土的市場，這個新市場的客戶一般都是企業，其中不乏美國數一數二的大企業。企業購買激勵產品時總是大批採購，像是買幾千本書免費送給員工。企業也會花錢請激勵講師，一次演講費通常要五位數以上。在激勵講師的網站上，幾乎所有美國大公司都上了客戶名單，被拿來得意地展示。有一本談論激勵演講產業的書提到，衝刺電信公司（Sprint）、阿伯茲森超市（Albertsons）、全國保險公司（Allstate）、卡特皮樂建築採礦機具公司（Caterpillar）、埃克森美孚石油公司（Exxon Mobil）、美國航空公司（American Airlines）都名列激勵講師的企業客戶名單。[3] 此外，企業還要求員工參加訓練課程、看DVD、出席激勵活動。許多人參加「激勵大會」的活動時，都是拿著雇主免費提供的入場券。

正向思考到了雇主手裡就變了樣，十九世紀的正向思考提倡者大概從沒料到會變成這副模樣。正向思考不再是用來勸人積極進取，而是用來在職場掌控社交關係，用來刺激人不斷精進。早在一九五〇年代就有人發現正向思考的這種潛力，發行皮爾那本《積極思考的力量》的出版商就是其中之一。該出版商用這樣的廣告來宣傳該書：「主管們：買這本書給員工吧，絕對連本帶利賺回來！推銷員將對自己的銷售產品和公司重拾信心。」除此之外，那則廣告還保證，那本書能「提升辦公室的工作效率，大幅減少員工看手錶的次數」。[4]「激勵」成了鞭子後，正向思考也搖身一變，成了員工有沒有乖乖聽話的識別特徵。一九八〇年代起，美國進入裁員時代，當時隨著企業聘僱條件變差，雇主的手也把鞭子握得更緊。

孤獨的推銷員

推銷員不需要主管提點就會採用正向思考，理由很容易理解。蘇・善心告訴我，她們推銷員生活很孤獨，通常與總公司很疏遠，永遠像被放逐，流落在公路、汽車旅館、機場。此外，推銷員和公司裡所有人一樣，在生活上會不停遭遇難題，每天都像測試，而且測試的結果可能是遭到拒絕和失敗。不過不管多麼孤單傷痛，推銷員都得隨時重新振作，拿出嶄新的熱情，準備面對下個客戶、下個城市、下次拒絕。在二十世紀，女性推銷員日益增加，不論是男是女，推銷員迫切需要有方法消除對自己的疑慮，產生樂觀的想法。

咱們來看看有位推銷員在網路上發表的見證。他叫阿羅・史畢格（Rob Spiegel），一開始他懷疑正向思考有沒有用：「我的主要疑慮是覺得正向思考跟幻想沒什麼兩樣……更令我心煩的是，我擔心正向思考可能是嚴重的自欺行為，最終會使人被幻想蒙蔽，反而無法有所成就。」不過，他自行創業後（他沒說是哪一行）便了解到，必須去改造心智防禦系統：

> 開始準備艱鉅的創業工作時，原本空空的腦袋馬上就出現失敗的想法。每次打電話推銷，聽到客戶說「不」，就像聽到客戶大聲說你開不成公司。遭到拒絕時若不正向思考，最後會相信拒絕你的人。而在創業初期，遭到拒絕的次數總是多過獲得接納。[5]

在消費者經濟中，不能低估銷售的核心工作：若要經濟繁榮，就得說服大家去購買不需要或不曉得自己需要的商品，而這項說服的工作，就是推銷員和廣告商的任務。不過儘管推銷員對經濟成長貢獻良多，卻非常不受尊重。在伍迪．艾倫的電影《傻瓜入獄記》（*Take the Money and Run*）中，艾倫飾演的角色由於和一名保險業務員一起被鎖在房內而感到痛苦無比。我們都覺得推銷員虛情假意，認為他們的內在精華被挖空了。二十世紀有兩部關於推銷員的戲劇佳作，分別是亞瑟．米勒（Arthur Miller）的《推銷員之死》（*Death of a Salesman*）和大衛．馬密（David Mamet）的《大亨遊戲》（*Glengarry Glen Ross*），這兩部戲的中心思想都是在表達，推銷員的心靈雖然枯萎了，但依舊存有忽隱忽現的人性光輝。

皮爾從一九五〇年代開始擔任牧師，為的就是要拯救這群遭到鄙視的人。雖然他樂於與頂尖企業領袖交友，但他尤其喜歡與卑微的推銷員談話，甚至認為自己是他們的一分子，因為他喜歡說自己是「上帝的推銷員」。除了沒有老是遭到拒絕，他的生活確實與推銷員的生活像極了，而推銷員就是他宣揚正向思考的對象。《積極思考的力量》暢銷後，皮爾就馬不停蹄地旅行與演講，把孩子留給妻子扶養，把教會交給員工管理，如此一來，就像他的一位傳記作者所寫的，他就和推銷員一樣，「到處流浪，不停移動，知道每次交易都是一次表演，一次挑戰。」[6]在《積極思考的力量》中，他的大部分軼聞趣事都發生在飯店與會議室，被焦慮心煩的推銷員強留下來請教私人問題。這些就是皮爾選定的客戶，「孤獨住在汽車旅館房間的人」。[7]

今日，推銷員若想達到瘋狂熱情的心境，絕對不用獨自一人努力，雇主會給予大力協助。雇主激勵員工的方法越來越具巧思創意。製藥公司首開先河，聘用本身當過激勵者的人，像是大學參加過啦啦隊的那些。結果他們當起業務代表績效斐然，因此現在製藥公司和學校已經建立起固定招募管道了。一位肯塔基大學的啦啦隊指導老師談到招募人員時說：「他們才不問學生主修什麼，只要是受過訓練的啦啦隊員，就能去應徵。」指導老師還說：「啦啦隊員學會了誇張的動作、誇張的笑容、誇張的熱情，就能使別人順著他們的心意去做事。」[8]要激勵推銷員還有個直截了當的做法，就是獎賞績效優異的人。在玫琳凱化妝品公司，業績前幾名的推銷員能獲得粉紅色凱迪拉克；有些公司的「本月模範員工」可以獲得便利的停車位。二〇〇六年有位管理顧問表示：「美國雇主每年花一千億美元獎勵員工，像是送T恤、舉辦高爾夫球賽、免費到佛羅里達州旅遊，因為雇主相信獎勵能激勵與鼓舞員工。」[9]

並非所有公司都用獎賞和獎勵來激勵推銷員，在員工沒什麼權利、甚至毫無權利的工作環境，有些公司會用殘忍、甚至變態的手法來激勵推銷員。例如總公司位於加州的第一住家保全公司（Alarm One），在二〇〇六年就遭到一名女推銷員控告，因為她被迫接受所謂的激勵打屁股。該公司通常會用競爭對手的金屬立牌來打屁股，目的是要鞭策各組推銷員互相競爭。一位推銷員作證時說：「基本上，挨打的人得走到會議室前面，雙手放在牆上，彎下腰，任由立牌打在屁股上。」該公司還用其他方法來懲罰績效未達標準的推銷員，像是在頭上砸蛋、在臉上噴生奶油、強迫穿尿布。（由於男女推銷員都會被打屁股，因此法院判定這個案子不構成性騷擾，那位女推銷員因而敗訴。）

猶他州婆佛市（Provo）的昌盛公司（Prosper Inc.）還發生過更亂來的案例。二〇〇七年五月，一名主管對一名員工執行「水刑」，當作「激勵練習」。當時該員工不知道水刑是什麼，於是自願體驗。主管把他帶到外頭，叫他頭下腳上躺在斜板上，然後由同事們將他全身壓住，主管便將水灌入他的口鼻。據說當時那名主管向銷售團隊說：「剛剛各位看到小查多拚命吸空氣了吧。各位給我回去裡面，像那樣拚命地推銷。」[10] 雖然昌盛公司的管理階層堅稱沒有縱容這種折磨員工的行為，但對該主管慣用的其他激勵手法，像是在員工臉上畫鬍子、叫員工站著工作一整天等等，卻不予置評。諷刺的是，昌盛竟然是一家在賣「激勵產品」的公司。

當然，絕大多數公司都不會去碰觸推銷員的身體，只想控制他們的心思。一九八七年，社會學家羅賓・萊德納（Robin Leidner）到聯合保險公司（Combined Insurance）接受推銷訓練。他發現「訓練課程著重於正確態度和推銷技巧，相較之下，保險知識就明顯被忽視了」。第一天課程一開始，學員就站著反覆說：「我覺得好健康、我覺得好快樂、我覺得好棒喔！」還要一邊揮擊「勝利之拳」。這是聯合保險公司的「正向心態」哲學，構思出這套哲學的是公司創辦人克萊門・史東（W. Clement Stone）。他不僅是共和黨的捐款大戶，也和希爾合著《正向心態創造成就》（*Success Through a Positive Mental Attitude*）。給學員看的影片中有許多口號，其中一句是「我看你是不敢培養贏家性格吧」。萊達評論道：「從最後那句口號就能清楚看出，公司鼓勵受訓學員把自己的個性當成需要改善調整的東西，而這麼做的目的，就是要取得成就。」[11]

在灌輸推銷員正向思考這方面，沒幾家公司比賣清潔用品、淨水器、化妝品的安麗更賣力。安麗的新進人員得自己掏腰包購買卡帶、書籍，參加研討會、聚會，密集學習。一九八〇年代初，安麗規定推銷員每個月要買一本書單中的書，包括《積極思考的力量》和希爾的《思考致富》等經典之作。[12]推銷員在自費參加的研討會中，會學到「神明是正向的，魔鬼是負向的」。一位當過安麗推銷員的人這麼解釋：「凡是會讓你降低信心、不想幹這行的，都是負向的……上線（也就是業務等級比你高的人）建議你買卡帶，你若拒絕，就是負向的。」這位推銷員表示，安麗銷售大會簡直就像搖滾演唱會：

> 一波波的呼喊聲交互喊來喊去，響徹會場。當一邊的人大叫：「棒不棒啊？」另一邊的人就會回答：「太棒了！」在一場地區性的活動中，數千人點亮各種其他品牌的打火機（因為安麗還沒生產打火機），用火焰畫圈圈，象徵公司目前銷售計畫的神祕力量……露天劇場前面的大型電視螢幕上閃現標語與圈圈，像閃光燈一樣，配合音樂的節奏閃爍。[13]

當然，若不盡情狂歡，也是「負向的」。

參加過運動比賽、復興布道會（revival meeting）或真正搖滾演唱會的人都知道，你很難不受群眾的激動情緒影響。聽到音樂砰砰作響，看見別人站著吶喊搖擺，我們就會不由自主地受到吸引，甚至會短暫感覺欣喜雀躍、「融入大我」。激勵講師和活動主辦人了解人的這項特性，經常要求觀眾站起來，在原地吶喊跳舞。喬納森·布萊克（Jonathan Black）在談論激勵演說產業的書中表示，聽眾就像「被改造了的員工」，有時還會崩潰啜泣。演講結束後，「聽眾會緊握演講人的雙手，稱他為救命恩人。他們會抱著他，發抖哭泣」。[14]焦慮的推銷員或成天坐在辦公隔間內的人會覺得，這類活動能讓他們宣洩情緒，振奮精神。他們不會討厭這類活動，不會認為這類活動是用來控制他們的心思。相反地，他們會期待公司聚會能舉辦這類活動，甚至認為自己有權參加這類活動，暫時釋放源源不絕的壓力。

到了二十一世紀初，激勵節目不再只是穿插於商業活動之間的餘興，它開始滲入美國企業的心臟。不光是推銷員，現在越來越多白領勞工、資訊科技人員、工程師還有會計師，需要激勵產品和它所承諾的成果，也就是正向思考和提升績效。在企業界，人人似乎都岌岌可危，得持續注射新鮮的激勵腎上腺素，否則就會陷入恐懼，害怕失去生產力。改信正向思考的人中，最出人意表的莫過於公司的決策者了，也就是主管和經理。

不理性的時代

我和相關的消息人士談論激勵產業的企業市場時，他們經常對激勵產業的瘋狂面向感到不安，像是把銷售活動辦得像政治集會或復興布道會，還有用吸引力法則來保證無所不能。擔任管理顧問的詹姆斯·錢辟（James Champy）曾與人合著一九九三年的暢銷書《企業再造》（*Reengineering the Corporation*）。他說他發現許多激勵創作都是「誆人的」，而且很多從事激勵工作的人都是「無恥的」。西北大學行銷學教授克拉克·凱伍德（Clarke Caywood）坦承，自己「受過高等教育，而且憤世嫉俗」，不適合學觀想之類的激勵手法，但他還是認為這些手法是無害的：「只要學個小技巧，像是把你想要的船的照片貼在鏡子上，或許就能買到船。」

他是教授，我是作家，但我們都明白，人不會因為觀想船就得到船。不過他告訴我：「大部分的企業員工，特別是推銷員，得仰賴這類技巧熬過每一天。要是否定這一點，就太傲慢了。」

在二十世紀的絕大部分時間，企業管理人都認為自己是頭腦冷靜的專業人士，接受「管理學」訓練，協助企業順利有效率地營運，藉此服務大眾。二十世紀初，醫學人士與工程人士組織成一門專業，專業管理人也在此時崛起。他們反映廣大中產階級的信條，認為所有問題都能用理性的科學方法解決。這樣的信條和正向思考的原則對立。科技已經創造出汽車、電話、收音機這類偉大的新事物了，幹嘛還要許願幻想呢？受過大學教育的美國中產階級堅信這樣的中心信條：我們的目標不單是追求個人成就，是使所有世人進步；而要達成這個目標，就得靠訓練有素、理性冷靜的專家來努力。

當時管理「學」不像醫學一樣有專書，因此大家只能鑽研個案研究，反覆探討我們現在所稱的「最佳實務」。不過，有人認為，只要用心研究，人人都能精通管理這項理性的工作，這樣的想法大大推了菁英管理制度一把，挑戰了舊式那種用兒子或女婿擔任企業領導人的做法。戰後受聘擔任企業管理人的人激增，商科變成最熱門的大學主修科系，企業管理碩士成了最熱門的碩士學位，造成這一切現象的，就是因為人們認為管理是項客觀理性的工作。

接著到了一九八〇年代，裁員浪潮爆發，企業的本質受到質疑。公司紛紛「重組」、「改造」，能裁掉的職務就不留，白領和藍領勞工都無法倖免。這本來只是短暫盛行的潮流，卻迅速發展成不可動搖的常規。一九八〇年到一九八五年，奇異公司執行長傑克．威爾許（Jack Welch）裁掉十一萬兩千名員工，並宣布每年都要裁掉績效排在後面百分之十的員工，因而得到「中子傑克」這個綽號，這渾名是在暗諷他與中子彈一樣可怕。不久後，企業界的股東紛紛要求不斷裁員，因為這樣做至少能拉高短期股價。一九八七年，《紐約時報》在報導中簡要描述企業發展的新形態：「對員工、產品、企業結構、業務、工廠，以及社區的責任，甚至對國家的忠誠，企業均避而不理。根據新的教條，企業可以不顧忠誠。由於現在是危急存亡之秋，企業只重視如何取得市場領導地位、增加獲利、拉高股價。」[15]

企業以前是為了完成任務而成立的團體，最初成立於十九世紀，當時必須取得特許執照才能成立企業，來完成特定工程，像是建造運河、鐵路。在英文中，代表企業的「corporate」這個字，依舊能使人聯想到一群人共同執行任務（不只是為股東賺錢）。戰後，企業繼續以銷售產品和貢獻社會為己任。不過一九八〇年代「金融資本主義」出現後，股東利益凌駕一切考量，連對產品的驕傲感都給比下去了。哈佛商學院的拉凱許．庫拉納（Rakesh Khurana）教授記錄了專業管理如何衰落，並從商業圓桌協會（Business Roundtable）發表的政策聲明，追蹤「企業」這個概念如何不斷改變。一九九〇年，商業圓桌協會這個代表美國大企業的組織聲明，「企業取得營業執照的目的，是要服務股東和全體社會」，員工、客戶、供應商、社區之類的利益關係人也是企業服務的對象。然而，一九九七年，商業圓桌協會明確否認企業需要對股東以外的利益關係人負責，表示：「有人認為董事會必須考量其他利益關係人的利益，這種想法根本就誤解了董事的工作。」不用顧慮員工、客戶與全體社會後，企業就只是「聚集在一起的金融資產」，等著遭人侵吞瓦解或任人併入其他企業。由於產品越來越不重要，企業員工之間的連結也越來越脆弱，有些管理學家甚至開始稱企業為「合法的虛構組織，心智想出來的鬼魂」。[16]《與鯊共泳》（*Swim with the Sharks without Being Eaten Alive*）之類的商業書籍甚至強調，在新企業環境中，人人都是為己的。

高層主管發現自己和其他人一樣會遭到犧牲，要是心懷敵意的人接管公司，或上級突然決定汰除某個產品或部門，他們就可能隨時得捲鋪蓋走路，即便執行長也是來匆匆、去匆匆。不過高層主管比活在裁員威脅中的一般勞工多了一項重要優勢：高層主管不僅獲得越來越多認股權，而且通常能取得金色降落傘條款（Golden Parachute）[1]，因此在紛擾不止的環境中，高層主管還是有機會一夕致富。

極度危險加上可能獲得令人羨慕的獎賞，混成了濃烈的雞尾酒，引起一波令人頭暈目眩的潮流，橫掃美國管理階級。美國管理人拒絕採用得深思熟慮且耗力費時的舊式專業管理方法，反而醉心於直覺、瞬間判斷、預感，誠如企業大師湯姆．彼得斯（Tom Peters）的評述：「世界瞬息萬變，我們根本無法依邏輯釐清現在發生什麼事。」[17]《快速企業》（*Fast Company*）雜誌上有篇文章抱怨道：「管理類的書籍有個缺點，就連暢銷的管理書或附上大量數據的管理書也一樣。這類書所要描述的世界極度複雜，經常亂無章法，因此我們無法加以預測，甚至無

1 譯註：這是一種補償協議，規定收購目標公司後，高層主管無論是主動或被迫離職，都能獲得巨額補償。

法提出合理的解釋。」[18]或者如《商業週刊》（*BusinessWeek*）一九九九年所報導的：「誰還有時間畫決策樹和擬定五年計畫？現在的經濟體和二十年前的市場不同，由資訊和服務主導，講求瞬間決策。」所以必須根據直覺或難以解釋的靈光乍現瞬間做出決策。[19]猶豫不決或花太長時間下決策，現在會遭指責為「分析過度」或「推理過度」。現在唯一的實用「範例」就是變化本身，而求生的唯一方法就是誠心接受變化，或者套句彼得斯的話，要學會「在混亂中成長茁壯」。

管理階層頂端的執行長們為自己打造出魅力領袖的新形象，使自己看起來值得依靠，在變遷快速的世界中總是有正確敏銳的洞察力與直覺。老派的執行長是從公司內部升上來，精通所有層面的業務後才能升到頂層；但新一代的執行長則可能是因為在企業界享有盛名而獲聘，就算那聲望是來自風馬牛不相干的行業也無所謂。庫拉納這麼形容這種轉變：「執行長的形象從有才幹的管理人變成了**領導人**，而且是能激勵人心、光鮮亮麗的領導人。」其實這就和激勵講師非常像。[20]有些商學院教授發現，新一代執行長的自我形象有點像神學家，這種特質實在令人不安。二〇〇二年，《人際關係》（*Human Relations*）期刊有文章指出，許多企業領導人「偏執於單一種想法，認為正確的做事方式只有一種，相信自己洞悉現實的能力無人能比」。現在的激勵大師漸漸取代以前的管理「顧問」，說服了絕大多數企業領導人相信自己「深具魅力、遠見卓識，絕非尋常西裝革履的生意人」。[21]

企業領導人背棄管理的「科學」，開始胡亂摸索，想找出新法子來解釋日益無常的世界，從渾沌理論到美國原住民的智慧，從「卓越理論」到東方宗教，無所不試。現代的企業領導人認為光是反對舊法還不夠，他們還用一種反理性的思維緊緊抓住美國企業。《商業週刊》認同過去的管理人支持理性分析，坦言「現在美國企業界的心靈思維就好像高科技公司內的打字機一樣，看起來格格不入」。不過這篇封面故事接著報導說，這種心靈思維無所不在。例如，一九九九年有一場聚會打著「薩滿教治療之旅」的名號，引來「全球一些年輕又有權的執行長」參加：

> 在亮著燭光的房間內，飄著色調朦朧、氣味濃厚的煙。十七名矇著眼的企業領袖躺在毛巾上深呼吸，隨著一個部落鼓聲到「地底」探索。小組領隊是理查・懷利（Richard Whiteley），他畢業於哈佛大學商學院，是暢銷書作者與

管理顧問，兼職擔任薩滿教的都會治療師。懷利在眾人起伏的胸膛上方輕聲說：「各位現在想像有個像井或游泳池一樣的入口，可以通往地底。」接著他教執行長們如何從體內深處找回「猛獸」（Power Animal）[2]，牠會守護公司在二十一世紀事業興盛。[22]

一九九〇年代與二〇〇〇年代，美國企業界除了有薩滿教療法之外，還多了許多種靈修，高階主管流行參加「探索靈境」（Vision Quest）與美國原住民團體治療儀式（Native American Healing Circle），除此之外還有祈禱團體、佛教研討會、過火儀式、講述「古老傳說」，與「深層聆聽」。在加州的大索爾風景區（Big Sur）有座伊莎蘭溫泉會館（Esalen），該會館在一九六〇年代和一九七〇年代是反文化運動的堡壘。一九九〇年代初，伊莎蘭會館開始募集資金，將主建築蓋成豪華舒適的企業休養中心，美國電話電報公司（AT&T）、杜邦公司、TRW汽車公司、福特汽車公司、寶僑公司等大企業，把會館的心靈療程全買光了，要給高階主管體驗。一九九六年有本職場勵志書寫道：「現在的企業充滿了神祕主義者。若想找真正的神祕主義者，到會議室可能比到修道院或主教座堂更容易找到。」[23]

正向思考保證，根據吸引力法則，人能用思考掌控世界。這樣的正向思考在「注重靈性」的新企業文化中，一點也不會令人不安。《財星雜誌》(*Fortune*) 表示，新的企業靈性理論「提出一種世界觀……認為現實並非絕對的，只是人類意識的副產品」。[24] 善於分析數字的傳統管理顧問紛紛讓位給自稱管理大師的人，像是彼得斯和羅賓斯，因為這類寫暢銷書的名人能用生氣勃勃的方式，闡述老舊的正向思考祕方，讓聽眾聽得起立鼓掌叫好。

要了解管理工作如何衰落，變得不理性，可以去研究彼得斯如流星般的職業生涯，《洛杉磯時報》還封彼得斯為管理學的「超級大師」。他一開始在作風保守、極度理性的麥肯錫顧問公司（McKinsey）擔任分析師，後來發現管理時必須考量「人性因素」，在一九八二年的暢銷著作《追求卓越》(*In Search of Excellence*) 中寫道：「光用數字來管理是不夠的。」他和該書的共同作者提出頗為合理的論點。員工需要激勵與獎勵，才會不遺餘力地去滿足客戶，根據這個理論，管理人必須好好控制員工的情緒。企業由人組成，人是有情緒的，因此管理學勢必得努

2 譯註：薩滿教中的守護神。

力開拓這片昏暗的新領域。換句話說，對於為何採用以激勵、提振心情、正向思考為根基的非理性管理方法，彼得斯提出了理性的解釋。

不過隨著裁員時代持續下去，彼得斯漸漸像個恐怖分子，提出的論調經常語帶威脅。他在一九八八年出版的書中建議，光是「在混亂中成長茁壯」已經不夠了，高瞻遠矚的管理人應該去製造混亂。他在一九九二年出版的書《解放型管理》（*Liberation Management*）中寫道：「要搶在對手之前，自己先破壞掉公司！要瓦解公司！要不斷瓦解公司！」[25]他發表聲明時，一定會使用招牌紅色驚嘆號；他還穿著四角內褲擺姿勢拍照。二〇〇〇年《財星雜誌》有篇談論彼得斯的文章，開頭這麼寫道：「有關湯姆．彼得斯的事，若你只知道一件，那肯定就是他的第一本書；若你還知道第二件，那肯定就是他後來的書都比不上第一本；若你還知道第三件，那肯定就是第一本轟動的書發行後，他在這十八年間的某一刻發瘋了。」[26]

可能是四角短褲和彼得斯越來越魯莽的演講風格，使《財星雜誌》轉而批評他，因為不管他有多瘋狂，他還是沒有和美國企業界脫鉤啊。在一九九〇年代，他談論的重點是「裁員」，也就是所謂的**企業瘦身**；當時執行長們正是在幹這些事兒。二〇〇一年，傑克．威爾許從奇異公司董事長的職務上退休，他在告別演講結尾提出的說法就跟彼得斯一樣，充滿恐怖主義的語調。他告訴所有人：「要把公司搞得天翻地覆，全面改組，連屋頂也得掀了。」[27]裁員到底是加強還是減弱了企業的力量呢？一九九〇年代中期，美國管理協會（American Management Association）研究後發現，裁員對生產力沒有正向影響。[28]不過這一點也不重要，因為裁員顯然至少拉高了短期股價。若美國企業界的新「企業靈性」中有神存在，那麼那位神肯定是「濕婆」，也就是印度教中喜愛翩翩舞蹈的毀滅之神。

如何管理絕望

一九八一年到二〇〇三年之間，約莫三千萬名全職美國勞工在企業裁員時丟了工作。[29]在這次大規模社會騷動中，民營與公營機構都沒有提供足夠的資源補償受害人，失業救濟金通常六個月後就用完了，健康保險更是在解僱那一刻就沒了。許多遭裁員的白領勞工重新振作去找新工作（不過薪水平均比上一份工作少了百分之十七），不然就是調適生活，擔任各種約聘勞工或「顧問」。[30]不過由於沒有安全網，原本是中產階級的人經常一下子就淪為低薪勞工，甚至陷入貧窮。我遇過許多這種原本是管理人和專業人士的人，聽過他們每況愈下的故事：有位在亞特蘭大科技業從事行銷的女性，丟了工作後又找到行銷工作，不過在這之前當了六個月的工友；有位在明尼亞波利斯的汽車司機，會把以前當媒體主管的舊名片發給乘客，希望有人聘請他去當媒體主管；有位化學工程師遭裁員後，在遊民收容所待了一陣子。原本工作穩定的中產階級白領勞工，在成長過程中被長輩教導相信，有技能、學歷就一定能安全無虞，但現在他們卻只能焦急亂竄。

當然，裁員並沒有增加推銷員的人數，不過，受到鼓勵把自己當成推銷員的人確實增加了。新的企業職場危機四伏，人人都會受到鼓勵，要不斷努力推銷自己。一如人類學家查爾斯・達拉（Charles N. Darrah）所言，白領勞工已經變成「一堆技術……他們可以在各個工作環境中自由來去，把技術像一大堆行李一樣背來帶去」。[31]不過他們必須不斷提升與磨亮彼得斯所稱的「個人品牌」，唯有如此才能「自由」來去。你不能再認為自己是「員工」，要認為自己是「品牌」，大聲宣傳自己與眾不同、克盡職責、滿懷熱情！[32]從軟體工程師到會計師，現在人人都沒有安全感，就像皮爾以前特別關注的「孤獨推銷員」。

激勵產業無法改正這種現況，只能建議大家改變對現況的想法：應該欣然接受企業改組，因為這種「改變」代表革新，令人振奮；失去工作是改造自己的機會；動盪時總是會有一批新的「贏家」脫穎而出。而企業付錢就是要激勵產業去改變大家對現況的想法。一九九四年，《華盛頓郵報》在一篇有關激勵產品的文章中這麼報導：「員工因大規模裁員而士氣低靡，大企業正在尋求創新又便宜的方法來提振士氣。」[33]根據網路上的「教練史」，教練產業能在一九九〇年代大幅成長得歸功於「人們失去終生職業」。[34]美國電話電報公司派舊金山的員工去參加名為「成功一九九四」(Success 1994)的大型激勵活動，各種觀點的人都能參加。而該公司也在同一天宣布未來兩年內將裁員一萬五千人。《時代雜誌》的李福斯（Richard Reeves）在報導中指出，那次活動的主講人是狂熱的基督教激勵專家金克拉（Zig Ziglar），他的主旨竟然是：「錯在自己，別怪體制，別怪老闆。要更認真工作，更用心祈禱。」[35]

海報和日曆之類的激勵產品會有銷路也得歸功於「世上存在許多負向事

物」，這是成功飾品公司發言人的巧妙理論。她說：「市場之所以需要本公司的產品，是因為現在有很多公司在裁員，且無力幫員工加薪。」而她公司的產品是「緩解問題之道」。[36]麻州大學（University of Massachusetts）安默斯特分校（Amherst）的新聞學教授羅夫・懷海（Ralph Whitehead）表示：「企業裁掉三分之一的員工後，會在走廊上貼鼓舞人心的海報，以遮蔽心理創傷。」[37]

各位可以把這當成大規模的心理控制實驗。一位有碩士學位的電腦科學專家只找得到沒福利的短期約聘工作，他告訴我：「現實爛透了。」但你沒法子改變現實，至少用簡單尋常的法子是沒辦法的。你可以加入社會運動，爭取適當的安全網，或提出比較有人情味的企業政策，不過這些事可能得花一輩子來做。你現在可以做的，只有改變對現實的看法，從負向的不滿變成正向的接受。對於遭裁員的人和超時工作的生還者，企業界送的大禮就是「正向思考」。

公司請來激勵講師，在不斷增加的企業會議中演講。[38]不論這些會議中有什麼其他活動（像是頒獎、介紹新執行主管），提供「娛樂」的通常都是激勵講師。維琦・蘇利文（Vicki Sullivan）密切注意這類演講人的市場。在二〇〇七年美國演講人協會年會，她說企業是激勵演講業的「闊老爹」。她在訪談中告訴我：「不知何時，雇主發現，光是教員工眾所皆知的正向思考祕方是不夠的，『不要看報紙或不要和負向的人說話』這類祕方已經不敷使用了。」她說：「雇主發現，世界改變日益加快，得用更多方法，必須請激勵講師來協助員工不要洩氣，堅持下去。」

激勵講師和教練在宣傳時，會說自己有法子面對「改變」，指的就是裁員，而沒遭到裁員的則被迫增加工作量。比如說，有間教練公司保證能消除裁員遺留下的負面氣氛：「正經歷裁員、合併、收購等改變的組織與企業，最適合這套課程了。若改變使組織員工抗拒改變、在咖啡室聊八卦、績效變差、拒絕溝通、壓力增加，這套訓練課程能教員工保持正向的動力和專注力。」[39]有位異常坦率的激勵講師表示對自己的角色略感不安。她告訴我，當員工沒達到雇主設定的目標時，雇主某種程度上會利用她這種人來「責備員工」，雇主會對員工說：「我們請來的講師說的話，你沒聽進去嗎？」

職場勵志書急速增加，提供了另一種方法讓白領勞工適應裁員。在這類書中，有一本宣傳裁員的經典之作，那就是《誰搬走了我的乳酪？》。這本書賣了一千萬本，絕大部分都是公司大量購買送給員工的。或許作者知道許多人拿到書會看得不甘不願，所以把這本書寫得薄薄的，只有九十四頁，而且用大字體印刷，內容是寓言故事，就像童書裡的那種。主人翁是兩個住在迷宮、愛吃乳酪的人，名叫哼哼和哈哈，取這樣的名字是在暗諷人類愛思考與反省的天性。兩人有一天到「乳酪站」後發現乳酪不翼而飛了，如同書名暗示的，兩個「小矮人」浪費時間大罵「發生這種事太不公平了」。迷宮中還有兩隻老鼠，不過這兩隻老鼠毫不遲疑，急忙去找其他乳酪來源，因為老鼠是齧齒類動物，「生活單純，不會過度分析事情，不會把事情搞得太過複雜」。[40]

最後兩個小矮人從老鼠身上學到，必須去適應新乳酪，於是哈哈用相當於吸引力法則的方法找到了乳酪：他開始「在腦海中描繪畫面……在鉅細靡遺、宛如真實的畫面中，他看到自己坐在一堆全是自己最愛吃的乳酪中，從切達乳酪到布列乳酪，應有盡有！」[41]他不但沒有因為失去舊乳酪而憤恨不平，反而用正向態度去思考，領悟到「改變可能帶來更好的結果」，於是不久後他就有「美味」的新乳酪可吃了。這本書旨在告誡遭裁員的人：「過度分析」和抱怨是人類的危險天性，若要加以克服，就必須學習齧齒類動物的生活方式，也就是說，丟了工作沒關係，閉上嘴趕快再找就好了。

公司會用許多種聽起來正向的委婉用詞來表達裁員，像是稱裁員為「釋放資源」或「改變生涯的機會」，不過實際的裁員過程既快又狠。[42]到一九九〇年代，實際執行裁員成了專業技術，動手的人經常是外聘的改組專家。原因之一是，公司宣布裁員時必須攻其不備、出其不意，這樣受害者就沒時間發牢騷，不會影響生還的員工。實際上，協助員工離開公司、確保遭遺棄的員工離開時不會爭鬧的，往往是公司保全人員。通常員工收到裁員通知後，就會馬上由保全人員陪同離開大門。有時候公司會給員工機會打包辦公室內的私人財物，例如家人的照片；有時候公司會稍後才把私人財物寄還員工。

為了減輕離職員工心中的憎惡，避免離職員工提出非法解聘的訴訟和惡言抨擊，雇主會求助於職業介紹所，它不只會協助遭裁員的人寫履歷，還會激勵、安撫他們的心情。一九九四年，奧勒岡州波特蘭市一家職業介紹所的老闆聲稱，他會協助人們去了解，「丟工作表示人生又往前進了一步……是成長經驗、是自我靜修、是不可或缺的暫時休息」。《洛杉磯時報》報導過皮摩地·羅地亞（Primalde Lodhia）的故事。他在印度出生，有企業管理碩士學位，是電腦科學專家兼機械工程師，一九九一年遭裁員，公司就只這樣解釋：「雖然公司對你的工作表現非常滿意，但卻不得不解僱你，因為你和公司的管理制度格格不入。」該公司請職業介紹所幫他找新工作，不過他要求拿現金，而公司堅持立場。在鼓勵遭解僱者重返社會的中途之家，專家建議羅地亞一個月內不要跟別人說自己失業了。他照做了。後來他告訴《洛杉磯時報》：「那個建議真不錯。我當時很痛苦，要是跟別人提起失業，我肯定會說些讓自己難過的事。」[43]

並非所有企業都會求助於職業介紹所，因為介紹所協助一位遭裁員的人的收費經常超過一萬美元。有些公司會要遭遺棄的員工自費去找激勵顧問公司。我在二〇〇五年參加過十幾次白領求職者的交際活動和「訓練營」，發現這些活動所傳達的核心訊息都是正向思考：不論發生什麼事，都是個人態度造成的；克服悲痛的心情，轉為正向或「贏家」的態度，就能吸引來夢寐以求的工作。二〇〇〇年代初，加州大學美國研究學系的教授凱莉・藍（Carrie Lane）研究遭裁員的技術勞工後，發現同樣的結果。專為裁員勞工設計的活動「都會用精湛的手法，力勸勞工重新振作，表現得像個優秀（也就是樂觀勤奮）的求職者」。[44]

公司必須先擺脫掉遭裁員的人，甚至像對待羅地亞一樣，建議他們不要和別人溝通，把他們進一步隔絕。完成後，公司還要處理飽受驚嚇、焦慮不安的生還者，此時管理階層會再度向激勵產業求援。商業記者吉兒．佛雷瑟（Jill Andresky Fraser）稱這種激勵做法為「公司內部公關活動，旨在使員工變得充滿熱情活力、積極進取，能在極度嚴苛、甚至充滿敵意的商業環境中越戰越勇」。舉例來說，一九九〇年代中期，裁員風氣盛行，紐約新英格蘭電話公司（NYNEX）強制要求員工做一些活動，像是表演在房間內可以有幾種跳動方法。佛雷瑟在書中如此寫道：「於是員工跳了起來，單腳跳、雙腳跳、雙手伸展開來跳、一隻手遮著眼睛跳。他們就這樣不斷地跳……接著帶頭的人就會說這類的話：『看看各位多有創意，能想出那麼多不同跳動方式。』」[45]

裁員後，激勵生還者最熱門的方法就是「團隊分組」，這項工作規模浩大，因此促成了與激勵產業部分重疊的「團隊顧問產業」。當裁員行動在嘲諷團隊概念之際，雇主卻同時要求員工在小「團隊」中尋找同袍情誼和集體目標。在裁員行動的持續威脅下，若整個組織不團結，管理階層就會堅決要求員工要熱愛這種大部分都是虛構出來的團隊。「組織不應廢除或輕視團隊，組織應該想想團隊在裁員階段能產生什麼好處，」一位管理顧問兼「組織調整」專家寫道：「團隊制度能產生同袍情誼，有助於員工協力完成工作，並使員工在大組織中，能和緊密的小團隊建立感情。人天生就需要與一小群人建立感情……團隊能在職場中建立這種感情。」[46]

為了追求團隊精神，團隊顧問公司會舉辦許多「有趣」的活動，來讓人建立情誼，有的在室內，有的在室外，有的很簡單，用氣球、眼罩、水桶就能進行，有的比較激烈，像是長達一星期的荒野遠足。其目的就是要激起員工的強烈熱情，使員工即便可能遭到公司解僱，還是會樂於為公司奉獻。一九九六年，一位遭美國電話電報公司裁員的勞工告訴「公視晚間新聞」（*PBS Evening News Hour*）：「我們這些電話中心的員工參加過一星期外展教育中心（Outward Bound）舉辦的野外冒險活動，與來自全國各地的同仁建立感情。那次經驗真的很不可思議，前所未有。公司把員工當家人，員工也全力為公司奉獻。我的小孩看到美國電話電報公司的廣告，要是不起立宣誓效忠，就得吃我的排頭——」[47]

換句話說，團隊分組就是另一種激勵，不同之處在於，企業經歷裁員後，工作環境變得冷清，此時工作小組或「團隊」得負責激勵大家。有家公司同時提供激勵與團隊分組的服務，在網站上清楚解釋（不過這番解釋也算不上非常清楚，因為他們都會玩弄文字遊戲，不僅使人誤解，甚至無法理解。現在企業界已經不再理性了，這種文字遊戲是現在企業界的另一特色）：「在這個團隊研討會中，各位將同時學到團隊分組和激勵的技巧，保證能讓團隊加強凝聚力、提振員工的士氣與動力。各位將學會打造團隊，使團隊抱怨少、工作勤、懲罰少、獎勵多，讓開會時焦點更清楚、收穫更豐富，獲得組織肯定。」[48]

團隊分組跟皮爾式的老派正向思考相比，兩者的書籍和教練都強調，優秀的「團隊成員」就是「正向的人」，也就是要笑口常開、無怨無尤、不過分吹毛求疵、能逆來順受忍受老闆的所有要求。

不過激勵有時會產生反效果。在裁員行動還持續進行時，就同時進行激勵，特別容易產生反效果。一九九〇年代中期，紐約新英格蘭電話公司在甩掉百分之二十的員工之際，同時推動「勝利之道」（Winning Ways）這項課程，要教員工培養「勝利者的心態」，但員工卻冷嘲熱諷地改稱之為「怨聲載道」（Whining Ways）。[49]柯斯坦（E. L. Kersten）在達拉斯市的網路服務公司任職時，發現公司總裁偏愛激勵產品，於是突發奇想做起生意，賣激勵產品的惡搞產品。柯斯坦的「despair.com」網站上專賣「洩氣」海報，其中一張上面畫著一頭熊，準備撲向力爭上游的鮭魚，標題寫著：「千里之旅，有時不得善終。」還有張上面是夕陽西下的海岸線，標題寫著：「若漂亮的海報和睿智的妙語就能激勵你，那你的工作大概非常輕鬆，很快就會有機器可以做那種工作了。」

不過這類有創意的惡搞畢竟是很稀罕的。總而言之，現在的美國白領企業勞工喝廉價的酷愛飲料（Kool-Aid），失去了以前的富裕與安全，接受取而代之的正向思考，不公開強烈表達反對意見，不群起改變政治傾向，不會帶自動武器去上班。一位遭裁員的主管用溫和又得意的態度告訴我：「我克服負向感覺後，再也沒什麼會阻礙我發揮才能了。」正向思考向他們保證，世界上永遠有「乳酪」在移動，而且他們能掌控一切，他們或許越來越沒有力量去詳細規畫自己的未來，但他們獲得了特別的世界觀，那是一種近乎宗教的信仰體系，主張人只要能掌控心智，就能擁有無窮的力量。

第五章

神要世人大富大貴

God Wants You to Be Rich

二十世紀末最引人注目的宗教發展就是，老是拿罪人會下地獄來嚇人的喀爾文教派以基督教右派之名復興了。基督教右派最重要的代言人是電視福音布道家傑瑞・法威爾（Jerry Falwell）和派特・羅伯森（Pat Robertson），他們嚴厲譴責同性戀和男女平權主義者之類的「罪人」，而且預言世界末日即將到來。不過在此同時，一個比較親切的流派也穩定拓展根基。這個流派就是正向思考，現在則以基督教之名作為掩飾。喀爾文主義和正向思考上一次正面交鋒是在十九世紀，當時正向思考仍稱為新思想。兩派在接近二十世紀與二十一世紀交替之時，再度槓上了，不過並沒有公開衝突，只是靜靜地爭奪市場，包括電視觀眾數量、書本銷售量，以及不斷增加的信徒人數。傳教者從布道台上，把正向思考的宗旨傳給住在郊區的白領勞工以及無數低薪的藍領勞工。當時白領勞工只有在工作時接觸過正向思考，但無數低薪和藍領勞工則完全沒接觸過。

不論用哪種量化方法估算，我們都會發現，現在最成功的傳教士是正向思考家，他們不再提及罪惡，對飽受教規折磨的右派教徒、墮胎與同性戀議題，通常也鮮少置喙。正向思考家不威脅世人會下地獄，不承諾上帝會救贖世人，不說耶穌在十字架上受難的可怕故事。事實上，現在廣受歡迎的大型教會，也就是「巨型教會」(megachurch)，都採用新方法來傳福音，而且不擺十字架了。巨型教會是指每星期有超過兩千名會眾出席的教會。從二〇〇一年到二〇〇六年，巨型教會的數量增加了一倍，達到一千兩百一十座。算一算，這些巨型教會的會眾總數將近四百四十萬人。[1]

巨型教會和許多小教會現在都宣揚新的正向神學，不再嚴厲批判，不再講述令人痛苦的受難和救贖故事，反而向信徒保證這輩子很快就能大富大貴、功成名就、身體安康，甚至馬上就能如願以償。人人都能有新車、新房子、新項鍊，因為神「要人成功」。根據二〇〇六年《時代雜誌》的民意調查，不論派別與教會規模，在全美的基督徒中，有百分之十七表示自認為是「成功神學」運動的一分子，高達百分之六十一認同「神要人成功」這種說法。[2]那要怎麼「使」生活一帆風順呢？不是靠祈禱這種古老的方法，要用正向思考。一名記者觀察巨型教會的布道主旨後提出下列評述：

布道經常聽起來就像激勵演說，主旨通常在談論如何讓生活一帆風順，或談論「耶穌見著正向思考的力量」。通常播放完音樂或影片後，布道者就會樂觀開朗地鼓勵信徒。（聽完後，與會者就會完全不想聽有關「毀滅與黑暗」的訓斥了。）與會者經常會聽到「保持良好態度」、「別去想負向或痛苦想法」、「意志要堅定」、「甩開煩惱、勇往直前」這類的話。[3]

電視福音布道家喬依絲・邁爾（Joyce Meyer）寫道：「我相信，我們會過什麼樣的生活，影響最大的莫過於『態度』了。」不是虔誠，也不是信心，是態度喔。她在網站上說明：「人必須保持正向態度，因為神是正向的。」

邁爾和這種新式神學的眾多擁護者一樣，有充分的理由抱持「正向態度」。她擔任牧師，服務範圍拓展到減重和增加自信，並以此賺了萬貫家財，有私人噴射機和一間價值兩萬三千美元的骨董大理石盥洗室。王牌電視福音布道家的錢財實在太引人注目，難免令人反感，而且絕大多數的財富都能抵稅，因此二〇〇七年，愛荷華州共和黨參議員查克・葛拉斯里（Chuck Grassley）展開調查，他調查對象不只有邁爾，還有杜祁福（Creflo Dollar）、辛班尼（Benny Hinn）、肯尼斯・寇普藍（Kenneth Copeland）和葛洛麗雅・寇普藍（Gloria Copeland）夫婦等電視福音布道家。這些牧師會如此隨便炫耀錢財，原因肯定和非宗教的激勵講師一樣，要拿自己當成功典範，他們要傳達的訊息就是：追隨我，寄錢還有捐十一奉獻給我的教會，善用我書中所說的方法，你就會像我一樣。

休士頓湖木教會（Lakewood Church）的約爾・歐斯汀（Joel Osteen），跟其他電視福音布道家相比，根本算不上揮金如土。他搭商務飛機旅行，只有一棟房子。不過《教會報告雜誌》（*Church Report*）封他為新福音派的「搖滾巨星」，說他是「美國最具影響力的基督徒」。[4] 許多靠激勵別人來賺錢的人，經歷過咬緊牙關、堅定不移、克服障礙的痛苦，但歐斯汀不一樣，他沒有那種經驗。他繼承父業，接下教會，從奧羅・羅伯特大學（Oral Roberts University）輟學後，沒接受神學訓練就直接擔任牧師。他將自己安頓好後，就急速「拓展」教會，至今每星期有四萬人到教會，每星期收入一百萬美元。不過歐斯汀並沒有向教會領薪水（教會現在已經有三百名支薪職員），因為顯然光靠版稅過活他就心滿意足了。他的第一本書《活出美好》（*Your Best Life Now*）賣了四百萬本左右，因此，據說續集《活出全新的你》（*Become a Better You*）的預付款高達一千三百萬美元。

歐斯汀的書讀來就像在棉花糖中打滾一樣，很輕鬆，毫不費力。書中沒有爭論點、沒有起承轉合，只是一篇接著一篇的軼聞趣事，主角包括歐斯汀一家人、許多聖經中的人物，以及只寫名但不道姓的人。一九五〇年代這句評論皮爾的話，用在歐斯汀的著作上也貼切：「書中各章可以自由從前面移到中間，或從後面調到前面，或從一本書拿到另一本書，把各段打亂後隨便重組也沒關係。」[5]歐斯汀寫了一篇很棒的趣聞，內容是一個男子去搭郵輪，不曉得餐點費已經算在票價裡頭，所以就帶著一個裝滿餅乾與乳酪的旅行箱。這篇故事的寓意就是，只要樂於慷慨解囊，捐出十一奉獻給教會，證明自己信仰虔誠，就會發現世界非常富足，隨你取用。然而，他也寫了非常差勁的軼事，讓人兩眼發直到讀不下去，像是有一則開頭是這麼寫的：「以前我家養了隻狗叫『機車』，是隻優秀的大型德國牧羊犬，在我們那個鄰里稱王。機車身強體壯、健步如飛，老是追著松鼠到處跑，永遠動個不停，大家都知道不能去招惹機車。有一天我爸騎腳踏車出去……。」[6]

神要人成功、健康、快樂，但是要怎麼辦到呢？歐斯汀提出的方法是直接向非宗教的正向思考家抄來的：觀想。其他電視福音布道家還經常強調，也要把話說出來，必須「用正向的告解，說出自己信仰堅定，相信自己會在生活中取得成就」，把夢想說出來，夢想才會成真。如同甘堅信（Kenneth Hagin）所說的下面這段話（甘堅信是倡導正向神學的先驅，歐斯汀視他為典範）：「腦袋不要被現實環境影響，要學習從心靈說出神的話。只要坦白說出神承諾給你的生活、健康、成就，就能開始享受神承諾的富足生活。因為你說了，就能得到！」[7]歐斯汀和甘堅信就像更早的希爾和皮爾一樣，認為人若要成功，最重要的就是要「改造」心智，在心智中描繪正向畫面。這種想法所依據的理論相當於吸引力法則，歐斯汀斷言：「在心智中持續看見什麼，就會創造出什麼。」他還附和希爾的說法，寫道：「心智簡直就像磁鐵，我們不斷想什麼，就會吸來什麼。」歐斯汀舉出生活中的多次小「勝利」作為證據，像是躲掉超速罰單、找到停車位（不是尋常車位喔，是「停車場內的首要車位」喔）。他還暗示，這招在「座無虛席的餐廳」也有效：「各位可以這樣禱告：『父啊，感謝祢讓我喜愛這位女服務生，她會馬上幫我安排位置的。』」[8]

不過歐斯汀的宇宙並非完全不會出現緊張局勢，在他那個願望容易實現的世界中，有「敵人」埋伏。這個敵人就是負向思考：「敵人說你無法成功；神透過基督說你無所不能……敵人說你將一事無成；神說祂會將你扶養長大，讓你活得有意義。敵人說你的問題太嚴重了，無法可解；神說祂會解決你的問題。」[9]另一位正向神學的重要牧師蕭律柏（Robert Schuller）也招喚出這個「敵人」，建議讀者「**絕口不談負向情緒**」，因為那麼做就表示「你的意志力輸給了敵人」。[10]但這些傳教士都沒有將「這個敵人」比擬為撒旦，也沒有譴責負向思考是罪惡，事實上，他們從沒提及撒旦或罪惡。在樂觀正向的外表之下，這些人不只像老派的喀爾文教徒，更像古老的摩尼教徒，堅持主張世界分為兩部分，一部分是善良、敬神、光明，另一面則是黑暗，與猶豫不決。

神的勝利

二〇〇八年夏天，我去參觀歐斯汀的湖木教會，發現那裡完全沒有聖地的特徵，沒有十字架、沒有彩繪玻璃窗、沒有耶穌照片。從我住的飯店橫越一條六線道的公路就到教會了。從飯店房間的窗戶就看得到教會，它是一棟矮胖建築，很像倉庫，雖然被辦公大廈包圍，但卻依舊悠然獨立。其實教會的所在地原本是康柏中心（Compaq Center），休士頓火箭隊的主場體育館。歐斯汀在一九九九年買下康柏中心，改建為巨型教會，有一萬六千個座位。從地下停車場進入後，我走到育兒區。那裡氣氛很愉悅，有卡通人物裝飾，若再加上爆米花，就像極了郊區的電影城。教會就在以前的籃球場，就連那裡也沒有神聖的氣息。教會內沒有祭壇，倒是有個舞台，上頭有顆轉個不停的地球模型，兩側有人造石頭和一道道流水（或看起來像流水的東西），幫石頭增添了生氣。走上二樓的書店，我才找到能讓人聯想到基督教的東西。那間書店很像邦諾書局（Barnes and Noble），只不過性質不一樣，而且商品經過嚴格審查，歐斯汀的作品擺在醒目的地方。店內還有許多產品，像是上頭寫著聖經經文的香氛蠟燭和餐具。最後終於在這兒找到十字架了，有用來掛在牆上的大十字架，也有小十字架，裝飾在花瓶、鑰匙圈、馬克杯上，或縫在領帶和菱形花紋襪上。

約爾的妻子維多利亞也是牧師，兩人一起傳教。歐斯汀夫婦走上舞台主持主日崇拜時，全場起立鼓掌。兩人年紀四十幾歲，是對引人注目的夫妻。根據我閱讀的資料，約爾自稱是「成功信條的活廣告」，但實際上卻不是如此。[11]他比維多利亞矮，但是書本封面上的他至少比維多利亞高兩英寸；他的衣服看起太大了；另外，他的黑色捲髮塗了大量髮膠，梳理成不折不扣的狼尾頭（mullet），這點從書封也無法明顯看出。維多利亞則穿著打褶的短衫，搭配黑色背心和長便褲，背心和長褲在腰部並沒有相接，因此會露出一片白，容易使人分心去注意。不過從某個方面來看，他們倆搭配得相當完美，至少可以說很相稱：約爾露出招牌笑容，嘴固定成倒三角形；而維多利亞臉上印著兩道又濃又黑的眉毛，就連露出微笑時，看起來還是既生氣又緊繃。

在舞台表演上所費的功夫比在牧師身上花的功夫複雜多了。現場播放震耳欲聾的福音搖滾樂，不過音樂元素完全沒有非洲風格的打擊節奏。音樂結束後就是短講，演講完又繼續放音樂，交替的流程編排得相當縝密。約爾、維多利亞和一位資深牧師輪流演講三到五分鐘，舞台上方與兩側共有三個大型電視螢幕，放大播放他們的臉。有幾次演講結束時，演講者會緊接著唱下一首歌，然後一面退向後頭，而合唱團和主唱則走到舞台中央。天花板上的燈光從頭到尾不斷變換顏色，忽暗忽亮，偶爾會有像閃光燈一樣的燈光隨節奏閃爍。在兩段演講之間會播放間奏音樂，雖然不是讓人想起身搖擺的搖滾樂，但大部分的人還是會站起來高舉手臂、扭腰擺臀，或許是希望攝影機拍攝觀眾時，能看到自己出現在電視螢幕上。有位朋友陪我去，她的先生是地方浸信會牧師。那位友人低聲說：「簡直就是迪士尼樂園嘛。」不過這只是在錄影，而我們這些在教會裡頭的人（約一萬兩千人，就算在主日崇拜，還是有虛席）只是攝影棚觀眾。我們在現場的活動錄影會被加以編輯，做成真正的節目，播放給約莫七百萬電視觀眾觀賞。

剛好，我去的那個星期日對歐斯汀夫婦至關重要，他們表示那是他們人生中極為重要的轉捩點。上星期，法院駁回維多利亞攻擊與傷害空服員的告訴。那件事發生在二〇〇五年，當時他們登上飛機頭等艙，準備前往滑雪勝地威爾（Vail）。但是維多利亞卻為了座位扶手上有個小「汙漬」或「液體」小題大作，最後他們離開飛機了，也可以說被攆出飛機。當時維多利亞要求空服員立刻清掉汙漬，但空服員忙於協助其他旅客登機，加以拒絕。於是，據說維多利亞硬要闖入駕駛艙向機長申訴。結果聯邦航空管理局對維多利亞開罰三千美元。本來事件可以就此落幕，但執拗的空服員堅持提告，要求維多利亞拿出百分之十的淨資產來賠償她受到的傷害。她表示，遭到這麼有名的電視福音布道家粗暴對待，害她得了痔瘡和「丟了信仰」。

我那位朋友的先生是浸信會牧師，星期六我們喝咖啡時，他預料歐斯汀夫婦在主日崇拜時絕不會提起整件醜聞。有位當時也在機上的空服員曾作證說，維多利亞的舉止就像故意要鬧事，所以他們應該不想讓人再想起那樣的畫面。不過他料錯了，歐斯汀夫婦倆人都把主日崇拜拿來大談維多利亞在法院的「勝利」。主日崇拜開始後，約爾走上舞台，像玩躲貓貓一樣，雙手掩面幾秒鐘後，把雙手移開，雙眼泛紅，微笑暫時消失。接著從口袋拿出白色大手帕，雖然我在放大的電視畫面中沒看見半滴淚，但他還是用力擦擦雙眼，說：「這不僅僅是我們的勝利，這是神的國度的勝利。」因此整個主日崇拜就成了「慶典」。他接著告訴人家，他在法庭時都在寫聖經經文，同時把他寫的那本橫紋黃紙筆記本拿給大家看。他還亂無章法地分享一段冗長的私人故事，說有天他找不到「平常要穿的西裝」，只好穿上作證時要穿的那一套，結果那天剛好就是作證的日子。聽完後我們不禁想，他是不是只有兩套西裝。更讓人感到不祥的是，他竟然告訴大家：「凡與我們對立的，神就與他們對立。」

維多利亞到舞台中央時欣喜若狂，就像大衛在耶路撒冷的大街小巷跳著勝利之舞一樣，甚至還雀躍地蹦蹦跳跳了一會兒。她說：「儘管情況艱困，令我羞愧，但我在頭上綁上必勝的頭巾。」我猜這只是比喻的說法，她應該沒有真的綁頭巾。怪哉，在這次窘境中，她竟然沒學到什麼教訓，沒變得謙卑，甚至連感謝丈夫支持的尋常表示都沒有。就連另一位正向神學牧師蕭律柏也認為她的做法不得體。蕭律柏在橘郡也有巨型教會，叫水晶教堂（Crystal Cathedral）。一九九七年，他在頭等艙也和空服員發生過類似爭執（習慣有僕人伺候的人，搭飛機進行商務往返時就容易發生這種事），最後他在法庭中道歉。但維多利亞卻只學到「不能受困於環境」和「要越挫越勇」，這和約爾一直告誡人「要當勝利者，不要當受害者」的說法相呼應。事實上，約爾還表示，從事發後到法院駁回告訴前的那段時間，神一度給他啟示，要他叫維多利亞寫書，更棒的是，那本書即將在十月問世，而且幾個月後還會再出一本童書。

這位大富翁在法院中戰勝一位女性勞工，而這位勞工又剛好是非裔美國人。這位大富翁現在在這裡慶祝，我謹慎地環顧四周，想看看其他人的反應。有約莫三分之二的群眾是黑人和拉丁美洲人，擁有賺錢的出版合約或搭過飛機頭等艙的人，看似寥寥無幾。但是群眾卻為維多利亞熱烈鼓掌喝采，許多人舉起雙臂，雙掌朝上感謝神帶來這場勝利。他們大概沒有仔細了解這場官司，或只是想在維多利亞的勝利中沾點光，因為在這場勞工階級占多數的布道大會中，歐斯汀夫婦要傳達的啟示似乎就是：大家也能像維多利亞一樣獲勝，因為這是神承諾大家的。不過約爾告訴大家，得耐心等待，因為神似乎有點健忘，需要大家向祂「提醒」祂承諾過的事。福音歌手克利斯·湯林（Chris Tomlin）寫了一首歌，歌詞中有這麼幾句：「請記得祢的承諾，請記得祢的人民，請記得祢的子女。」聽起來好像在教訓不盡責的老爸。換句話說，你只要專注想著想要的，經過多次死纏活纏，最後神就會任你予取予求了。

此時我在湖木教會發現了舊基督教的痕跡（或許我該說一般宗教的痕跡才對）。湖木教會的做法就像古代神祕教派一樣，重複說著相同的話，在古典希臘神話與儀式中，還是可以發現這種做法。像是反覆說「神」會以許多種樣貌出現，經常「出現在基督耶穌裡」；維多利亞則經常提到抹油，她說她當時就想「對整個法庭抹油」。審判在二〇〇八年八月八日出現轉捩點，約爾認為這一點非常重要，他說這個日期在聖經密碼中曾出現。星期六晚上，我參加了一個小組會議，規模非常小，只有十二個人左右，在有一百零八個座位的會議室內舉行。演講人表示認同猶太飲食法，尤其是不吃豬肉和有殼水生動物的規定；不過大部分基督徒認為，彼得和保羅早在兩千年前就廢除這些法規了。可是從頭到尾都沒人提到基督教教義。怎麼沒有人要求要謙卑、要愛他人、要為他人犧牲呢？最重要的是，怎麼沒人提到耶穌呢？「有人想要告你、要拿你的裡衣，連外衣也由他拿去。」這句話不是耶穌說的嗎？

在歐斯汀夫婦的宇宙中，連神也只能扮演可有可無的配角。神不再神祕、不再令人敬畏，祂成了總管或私人助理，負責幫人處理超速罰單、在餐廳內找好桌席、取得出書合約。就連處理這些雞毛蒜皮小事時，求神似乎也比較像是出於禮貌，而不是迫於需要的請求。人一旦相信吸引力法則，也就是相信心智就像磁鐵，會吸引觀想出來的事物，就是認為人是全能的。

基督徒早已注意到這一切背離基督教傳統的論點，他們感到震驚且無法苟同。歐斯汀的神學理論自私自利、罔顧他人權益。我有幾位友人是休士頓的浸信會教徒，他們對這種理論只能搖頭氣短。許多基督教網站譴責歐斯汀和其他正向神學牧師是「異端邪說者」、「偽基督徒」，甚至是魔鬼的同夥。有些人從專業神學的角度予以譴責（例如喬依絲．邁爾就因為提出古怪的世界觀而遭到譴責，她認為耶穌自己到地獄受苦，是希望藉此讓世人不用到地獄受苦）。不過一般人譴責他們的理由很簡單：他們認為神就是財神，不僅忽略了罪惡確實存在，還使神淪為人的僕人，把嚴格要求心靈修行的宗教傳統變得微不足道。二〇〇七年，電視節目《六十分鐘》曾談論歐斯汀，神學教授麥克．霍頓牧師（Michael Horton）斥責歐斯汀的世界觀是「棉花糖福音」，忽略了基督教古老且深具影響力的主題，包括罪惡、受難與救贖。正向神學的中心概念就是：神隨時準備實現人的所有願望。霍頓稱這種概念為「異端邪說」，他解釋說：「這種說法讓人變成宗教的主角，而不是神。」

正向思考的世俗根源

姑且不論正向神學從傳統基督教繼承了哪些元素（即使只是裝飾用的），可以確定的是，正向神學的根源或多或少可直接追溯到十九世紀的新思想。新思想現在還有自己的教派，像是基督科學教和規模比較小的合一教會（Unity Church）。合一教會興起於一八九一年，和基督科學教一樣，以昆比的學說為依歸。堪薩斯市的牧師威爾．鮑溫寫了《不抱怨的世界》（*A Complaint Free World*）一書，設計了不抱怨紫手環，他就是合一教會的牧師。愛溫．蓋恩絲（Edwene Gaines）也是。她在《成功的四大支柱》（*The Four Pillars of Prosperity*）這本著作中敘述自己如何用頤指氣使的態度對待神，看得我目瞪口呆。有一次她需要兩百美元買機票，卻湊不到錢，結果她這麼寫道：「我坐下來狠狠訓了老天爺一頓，我說：『給我聽著，老天爺！為了到墨西哥市，該做的我都做了，我信守承諾了。所以現在我要直奔旅行社，我到那兒後，錢最好在那兒。』」[12]

其他逐漸發展成現代正向神學的流派，追本窮源，同樣可以追溯到十九世紀緬因州鐘錶師傅昆比的學說。我們前面談過了，皮爾就是利用新思想的學說，而他現在最重要的繼承人是蕭律柏。蕭律柏在一九五八年請皮爾親自出馬，協助宣揚教義，招攬更多民眾加入水晶教堂。蕭律柏和皮爾一樣，教人改造心靈，以觀想、自我肯定、反覆唸誦為基本方法，只不過他為了表明這套是自創的，所以不用「正向思考」這個名稱，改稱之為「可能思考」（possibility thinking）。不過到了一九六〇與一九七〇年代，各門各派的牧師就沒有求助皮爾，而是自己費苦心找到新思想學說。甘堅信被視為是信心話語運動（Word of Faith movement，也有人稱之為「話語信仰」或「成功神學」）的發起人。他的思想源自福音布道家肯楊（E. W. Kenyon）在十九世紀末與二十世紀初的作品。麥柯諾（D. R. McConnell）煞費苦心地追本溯源後才發現，肯楊的思想源自世俗的新思想學說。[13]約爾・歐斯汀的父親約翰・歐斯汀以及第一位非裔美國籍電視布道家費價（Fred Price），都是甘堅信的助手。費價是經朋友介紹才去讀甘堅信的作品。他後來寫道：「那晚回家，我把甘堅信的每本著作都讀過後，我永遠改變了，眼界從此大開。」[14]信心話語派的訊息引起非裔美國人強烈共鳴，他們殷切期盼民權運動爭取到的權利能提升他們的社會地位。另一位知名的成功神學傳教士是以哈林區為根據地的費德里・艾克倫寇特（Frederick Eikerenkoetter），也有人稱他為「艾克牧師」（Reverend ke）。他原本是傳統基本教義派的，一九六〇年代中期才改變，當時他發現了他所謂的「心智科學」，這門科學是他閱讀新思想的文獻後領悟出來的。[15]他頂著一頭高捲的飛機頭，教導大家，貧困是態度錯誤造成的。他買下好幾部加裝貂皮的凱迪拉克，來證明自己的想法是對的。

現代的信心話語派傳教士鼓勵人要大膽要求應得的事物，如同下列這則廣告的主旨。以亞特蘭大為根據地的杜祁福拍了一系列的影帶，名叫《抓緊你繼承的財產：取得你應得的一切》（*Laying Hold of Your Inheritance: Getting What's Rightfully Yours*）。他還拍了一則廣告加以宣傳。宗教學者密門．哈里遜（Milmon Harrison）在書中對這則廣告的描寫如下：

> 「我要我的東西！」一位西班牙裔的年輕女性用西班牙文大膽說出這樣的要求。星期日早上還沒去教會時，我本來睡眼惺忪地胡亂轉著電視頻道，此時突然發現電視畫面中的她直盯著我瞧。一位穿得像專業人士的非裔美國男性大聲要求：「我要我的東西，**現在就要**！」他還一邊像拳擊手一樣，踮著腳尖跳來跳去，來表達強烈的渴望。一名非裔美國女性用力寫下這句

話，力道大到和用嘴巴說出來的一樣強烈。他們用強而有力的口吻要求「東西」，傳達出既具權威又**迫切**的感覺，我當下不禁被所有人的熱情活力給吸引了，要不是這麼愣住了，我肯定會跟著一起高喊：「**沒錯，我現在也要我的東西**。」[16]

要是讓愛迪來說，她可能不會說得這麼露骨。不過她早在超過一個世紀前就清楚指出，神或宇宙就是這樣子，有求必應，就等著我們下訂單。

正向思考一百多年前就利用基督科學教和合一教會，在美國的新教中找到棲身之所。若是這樣，為什麼正向思考會在二十世紀末突然變成如此突出的力量呢？有可能純粹是社會風氣造成的，教會經常受到世俗潮流影響，而在一九〇年代，絕對無法躲避正向思考的影響，因為在商業書、勵志書，甚至在減重課程中，正向思考無所不在。舉例來說，約爾·歐斯汀所學的正向思考信條可能來自父親，也可能來自與休士頓商人的談話，甚至來自機場書店中多不勝數的商業書籍。不過，多數觀察家認同，新教中有股潮流把教會本身不斷推向以前的新思想學派。那股潮流就是「教會成長運動」（Church Growth Movement）。教會為了成長，不斷犧牲傳統信條，這股潮流興起於一九八〇年代，過去二十年更加速發展。而事後證明，正向思考是教會成長的關鍵催化劑。在美國的前四大巨型教會中，有三所在宣揚「成功神學」。[17]剩下那一所是華理克（Rick Warren）的馬鞍峰教會（Saddleback Church）。馬鞍峰教會雖然對粗製濫造的「成功神學」不友善，不過絕對還是屬於正向神學陣營，重視「目的」和機會，忽視罪惡和救贖。

企業教會

判斷一個宗教是否成功，規模雖然不是唯一標準，但一直以來卻是重要的標準，在主流教派中尤其如此。主流教派的神職人員多年來都在同一所教會，用同樣的音樂、宣揚同樣的教義，就算這麼做以後勢必得花更多時間幫垂垂老矣的會眾處理身後事，他們也甘之如飴。二十世紀下半葉，主流教會的信徒減少，促使新一代自稱「企業牧師」（pastorpreneur）的人去嘗試奠基於「策略思考」和「積極事業目標」的新做法。[18]他們鎖定美國郊區，感覺自己就像在向異教居民傳教的傳教士，因為美國郊區有無數居民自稱信徒，但卻「沒有加入教會」。

在興起於一九五〇年代中期的「教會成長運動」中，精力旺盛的牧師運用在印度等地的實際傳教經驗，從實效上問自己：「該怎麼讓原住民更喜歡我們的宗教呢？」從美國的環境來思考，這個問題就變成：「該怎麼讓教會的停車場停滿車呢？」有許多人批評教會以增加會眾為目標，例如「反教會行銷網」（Church Marketing Sucks）就有一系列討論文章，主題為「教會成長是通往地獄的公路嗎？」。亞特蘭大有一所浸信會教會在傳教小冊子中回應批評教會成長的人：「一所教會的規模會變大，是因為教會的精神受歡迎……創業的人不都希望自己辛苦工作後，有朝一日能鴻圖大展嗎？這就是美國人的夢想啊，不是嗎？」[19]

若要用新手法來推廣基督教，以事業興隆為目標，那麼不能一開始就先成立教會，然後再期望報紙上的聚會通知會吸引人們來教會。必須先知道人們想從教會獲得什麼。蕭律柏、華理克、比爾．海波斯（Bill Hybels）這三位牧師在為他們的巨型教會打基礎時，調查了未來教區的居民，結果發現居民不要「教會」，或者說，至少不想要小時候去的那種教會。若公司調查企業市場後發現這樣的結果，可能會徹底失望，決定放棄這個產品線。不過熱衷事業、積極進取的牧師卻認為只要改裝舊產品就行了：把硬邦邦的長椅換成舒適的戲院座椅；在布道時穿插播放音樂；用吉他取代風琴；為了迎合不上教會的人（也有人稱之為「慕道者」）的口味，巨型教會還做了驚人的讓步，其中最重要的就是拋棄傳統教會的所有偶像和符號，包括十字架、教堂尖塔、耶穌照片。宗教歷史學家藍道．巴默（Randall Balmer）表示，十字架對不上教堂的人作用特別大，就像對吸血鬼的作用一樣：十字架會使「訪客感覺受到威脅或心生恐懼」。[20]

巨型教會都設在具現代主義與企業風格的環境中，因此，為了進一步減輕大眾對神的恐懼，巨型教會通常設計得和所在地的環境完美相稱。哥德式教堂都設計得與世俗建築相對，看起來有超然的感覺，用華麗精細的裝飾引人神馳想像。新教改革時，鬼怪塑像的滴水嘴和聖人受難的畫像都給丟了，不過在教會設計上還保留清楚訓斥俗世的特色。不過巨型教會就不那麼設計了，巨型教會似乎鐵了心要偽裝成郊區的銀行或學校建築。二〇〇五年，建築師兼作家黎辛斯基（Wytold Rybczynski）研究後發現，所有巨型教會都和湖木教會一樣，在設計上「堅決採用世俗風格」。例如芝加哥附近的柳溪社區教會（Willow Creek Community Church）：「那裡看起來不像拜神的地方。它看起來像什麼呢？表演藝術中心？社區大學？企業總部？它無法啟發心靈，它在建築界中就像三件式商務西裝，充滿俗界的氣息，但多數不隸屬於單一教派或沒有教派的牧師都偏愛這樣的教會。」[21]

顯然這就是設計者想要的結果，一如新聞工作者法蘭西·費茲傑羅（Frances Fitzgerald）所寫的，「這樣的設計降低了教會與俗界之間的門檻」，而且還能消除「慕道者」的疑慮，讓他們不用擔心自己是不是誤闖宗教聖地，因為現在的教會和普通的銀行或辦公建築沒什麼兩樣。基督教藝術家布魯斯·比薩（Bruce Bezaire）認為企業型教會的問題正在於此：「當一個文化背棄神時，我們可能會去深思這個文化的審美觀是否降低了。這種反應是合情合理的。不過看到教會背棄了美麗的設計，我憂心的是教會對神到底了解多少。踏入灰色石膏板蓋成的四方形建築，人會感到敬畏、愉悅、欣喜、崇拜嗎？」[22]不過對其他人，把教會掩飾成企業的樣子似乎有效。有一名湖木教會的會員，她是快要退休的教師，只有兼職教課。她告訴我，小時候被迫就讀天主教學校，「因此痛恨天主教學校的一切事物」，但在外觀冰冷的湖木教會裡頭，她卻反而覺得怡然自得。她還說：「教會不是建築物，教會在你心裡。」

牧師調查教會的服務地區後發現，居民真正想要的是娛樂，像是搖滾樂或類似搖滾樂的娛樂。此外，居民還想要一大堆服務，像是照顧兒童、輔導叛逆少年、協助處理離婚、成癮問題等。第三世界的宣教教會早就學會用當地的音樂與文化、教會附屬學校、醫療服務來吸引居民。現在的巨型教會就像多元服務中心，為了符合消費者需求，會提供學前和課外課程、運動比賽、青少年活動、康復療程、求職協助、健康博覽會，為受虐與離婚婦女舉辦支持團體，甚至還有有氧課程和健身房。不論是不是巨型教會，現在美國的教會都會提供許多服務，有些服務甚至只有富裕國家的福利政策才會提供。

不過巨型教會的牧師還採用更進一步的、以前的傳教士肯定連想都不會去想的做法。過去有些傳教士為了迎合當地居民，會改變作風、增加社會服務，不過這全是為了傳「福音」，也就是基督教關於罪惡和救贖的核心信仰。即便接納輪迴轉世或多神論能吸引更多教區居民，他們也不會接納。不過「企業牧師」就不同了，他們不斷拋棄傳統基督教教義，就算得力抗眾意、搞得雞犬不寧，他們還是在所不惜。教會市場研究揭露了一件事，那就是人們絕對不想聽人大談罪惡，不想認為自己很糟。若一星期只有一天不用忙於工作、處理雜事或洗衣服，那麼在那天，你大概連一小時都不想花在聽人警告你就快遭天譴、下地獄了。巨型教會和嚮往成為巨型教會的教會，需要有東西可以取代要求嚴苛的基督教核心教義，因此這些教義大多被正向思考給取代了，並非因為正向思考「真的」源自聖經，也不是因為有宗教經典可以加以證明，原因是正向思考能帶來滿意的「客戶」（有些巨型教會的牧師就是稱信徒為客戶）。有位巨型教會的會員告訴《基督科學箴言報》（*Christian Science Monitor*）：「我們好喜歡去教會，每個星期日都不會錯過。牧師宣揚的訊息總是很正向，音樂也很棒。」[23] 多數正向神學傳教士認為他們宣揚的訊息和傳統基督教信條並沒有抵觸。他們認為，神是良善的，所以祂要我們獲得最好的，抑或如喬依絲．邁爾所言：「我相信神要給我們好東西。」[24]

正向的神示不僅比「古老教條」更得民心，而且與牧師個人的關係也更加密切。牧師越來越認為自己不是在批判利益掛帥的俗界，反而認為自己也是俗界中的玩家，也就是生意人，更精確來說應該是執行長。這可不是無稽之談。舊式教會（或許我們該稱之為「迷你教會」）處理的預算不過在十萬美元到三十萬美元之間，但巨型教會每年進出數百萬美元，聘僱數百名員工，這使得牧師所管理的事業規模相當於許多執行長。光是從規模來看，教會就不得不學企業的手法來管理，而且多數巨型教會的牧師會直接學企業的組織模式。例如《經濟學人》這麼報導海波斯的柳溪社區教會：

不只外表充滿企業風格，柳溪教會還撰寫了使命聲明書（「讓不信教的人全心追隨耶穌基督」）、建立了管理團隊、擬定了分為七個步驟的策略、提出了十大核心價值。柳溪教會聘請了兩名企業管理碩士（一名哈佛大學畢業生，一名史丹佛大學畢業生），號稱擁有顧問部門。柳溪教會甚至還獲得了企業界的最高盛讚，成了哈佛大學商學院的個案研究對象。[25]

巨型教會的牧師甚至會跟真正的執行長交往，想到能跟俗世這些踏實的人為友，他們甚至還會感到虛榮滿足。馬鞍峰教會的華理克多年來都會去世界經濟論壇舉辦地達沃斯（Davos），和「宇宙的主宰們」交友。在《紐約客》的一篇文章中，麥爾坎·葛拉威爾（Malcolm Gladwell）引述華理克的話：

「上星期日晚上，我和傑克·威爾許共用晚餐。他來教會，我們共用晚餐。

在他的心靈之旅中，我就像他的良師益友。他對我說：『華理克，我這輩子沒遇過比你更偉大的思想家。能跟你一樣以全球角度思考的人，我只認識一個，那就是魯柏．梅鐸（Rupert Murdoch）。』我回答：『這就有趣了，因為我正是梅鐸的牧師呢！梅鐸出版過我的書！』」華理克說完頭便往後仰，發出招牌的大笑聲。[26]

頂尖的牧師無疑仰賴耶穌提供指引（至少他們無時無刻都在呼求主名），不過也指望俗世的管理顧問與大師能幫幫忙。約翰．傑克森牧師（John Jackson）在《企業牧師》（*Pastor Preneur*）這本書中讚揚正向思考大師史蒂芬．柯維；海波斯仰慕管理專家彼得．杜拉克（至少一九九五年以前是這樣），他在辦公室外頭掛著海報，上頭寫著杜拉克要求生意人捫心自問的問題：「我們做的是什麼生意？客戶是誰？客戶重視什麼？」現在也有許多鎖定基督教的「教會成長」顧問公司，專門為牧師提供協助。事實上，現在已經興起一種小型行業，專門為胸懷大志的牧師提供建議，從停車場規畫到活動管理，無所不包。有些經營出色的巨型教會，像馬鞍峰教會和柳溪教會，還創立了副業，自己開起教會成長顧問公司，為小教會的牧師舉辦訓練研討會與架設網站。沒有人會否認世俗的激勵專家確實影響了巨型教會，甚至激勵工作已經沒有宗教界與俗界之分了。蕭律柏喜歡在禮拜儀式中邀請名人擔任嘉賓，許多知名激勵講師和安麗的執行長都曾受邀。誠如一位野心勃勃的牧師告訴《紐約時報》：「企業正在教我們，要放眼未來，盡情夢想。」[27]

若牧師表現得越像執行長、越常跟執行長交往、越沉浸在企業管理學中，就越可能會認為自己也是執行長。商業領導人必須正向思考才能推銷產品、增加市占率；有事業心的牧師也是如此。越來越多有事業心的牧師不隸屬於單一教派，或甚至沒有教派，也就是說他們無法向中央組織請求財務與其他支援。他們面對未知的領土，和心存懷疑、不去教會的居民，只能靠個人魅力和推銷技巧，而個人魅力與推銷技巧通常又得靠正向思考才施展得開。例如，歐斯汀就認為能買下康柏中心不單是神的功勞，他自己能觀想出這個大膽舉動也功不可沒：「我漸漸『看見』會眾在休士頓的要地『康柏中心』裡頭敬拜神。」他建議想成功的人也這麼做：「把老舊的酒囊丟了，把氣量狹小的思維丟了，開始用神的方式來思考。要想著變大，要想著增多，要想著富足，要想著比足夠還多。」[28]

近幾十年，在外觀、管理、成長技巧等方面變得更像「企業」的機構不單只有教會而已，大學早已企業化了。像是僱用企業管理碩士擔任管理人；建築物由哥德式轉變成單調的現代派設計；採用積極的行銷技巧；還有之前提過的，偶爾會請激勵講師去演講。幾年前有舉辦一場非營利的會議，目的是要幫女性增加賺錢機會。我在那次會議中驚訝地發現，主辦單位竟然請了一位團隊分組教練來「幫忙」。教練一開始就要大家分組，分享夢想與「最糗的經驗」，藉此培養感情。就連工會這個企業的世仇，現在也會採用企業的管理方式。老派的工會籌組人總喜歡在酒吧或工廠大門找工人攀談，他們絕對無法相信，現在的工會竟然會用調查與焦點團體來找出吸引工人入會的訴求。現在無論走到哪，都可能會聽到同樣的企業行話（像是「獎勵」、「附加價值」、「向前邁進」），見到同樣的指揮體系、同樣的桌子和小隔間排列方式、同樣不在乎美學而以機能為主的中性設計、同樣仰賴激勵和製造團隊精神的做法。

不過有人認為，企業和教會（特別是巨型教會）不僅表面相似，還發展出了特殊的親密關係。過去幾十年，不僅教會越來越像企業，企業也越來越像教會，兩者的領導人都是有魅力的人物，聲稱或渴望擁有近乎神祕的領導能力。有兩位管理學教授評論追求「魅力領導」(也就是他們所稱的「轉型領導」)的潮流時寫道：「多數管理實務與為宗教奉獻的儀式和心態，確實不再單純只是在類比上相似而已。」他們認為企業越來越像一般人所熟知的迷信教派，要求成員要徹底默默服從領導人，因為領導人看似能獲得神的啟示。[29]不只巨型教會的牧師會以執行長為模範，執行長有時也會以牧師為典範，像華理克和他的執行長友人們就是這樣互相仰慕。《經濟學人》在一篇討論巨型教會現象的文章中指出：

> 確實，現在反過來了，企業也學起教會了。已故的彼得．杜拉克曾指出，教會有些地方值得大型企業學習。教會深諳激勵員工和志工，善於把志工從熱心助人的外行人變成訓練有素的專業人員。頂尖的教會和一些惡名昭彰的教派一樣，發現了用低成本就能自力成長的祕密：把慕道者變成會傳福音的教徒，接著他們就會去招收更多慕道者了。[30]

那麼，從慕道者的觀點來看，他所服務的巨型教會和企業**有何不同**呢？表面上大同小異：巨型教會看起來就像企業的辦公大樓或總部；牧師常穿商務西裝，比較少穿牧師袍；宗教符號和偶像都給除去了。除此之外，這兩種機構也都以激勵人心的訊息作為核心哲學，教人用正向思考來出人頭地、克服阻礙、成就大事。為了讓教會和職場的關係更加密切，有些領頭的牧師認為必須認同「自由企業制度」和該制度對於一般勞工的要求。蕭律柏告誡說，就算「陷入貧困」或遭遇種族歧視，也不能「把這些事實當作放棄嘗試的藉口」。[31]歐斯汀則寫道：「雇主比較喜歡工作時活力充沛的員工。」對於覺得薪水不夠而提不起勁的人，他給了這樣的忠告：「心存那種態度，神是不會保佑你的。神希望你全力以赴，展現熱情，樹立典範。」[32]

不過巨型教會和企業職場有個一眼就能看出的明顯差異：教會很友善。沒有人會對你大呼小叫、強迫你在不合理的交期內完成工作、使你覺得不適任。星期日早上進入教會時，笑容滿面的志工會向你打招呼；禮拜儀式結束後，你還能和執行長（也就是牧師）握手。此外，教會還會提供幼兒照護服務、成立支持團體、給予激勵協助。最棒的是，就算你無法捐出一般建議的百分之十收入，就算經常缺席或沒有時間擔任志工，就算又陷入以前人們所稱的罪惡（現在大家稱之為「負向態度」），也不會有人請你離開。這可能是巨型教會吸引人的重要特色：教會就像企業職場的假象，看起來有企業的一切力量和效能，但卻沒有殘酷與恐懼，教會不會解僱你的。

所以信奉正向神學的慕道者會發現自己陷入徹底自我封閉的世界中，不管在職場、購物商場、企業型教會，聽到的訊息都一樣：不管是購物商場內的任何東西或是房子與車子，你只要相信能擁有，就能擁有。不過，無時無刻都有個微弱的聲音嘶聲地傳達著邪惡的訊息：若得不到想要的一切，若覺得身體不適、失志、挫敗，那你只能怪自己了。正向神學認同並造就了一個缺乏美感、不超脫俗世，又毫無憐憫之心的世界。

第六章

正向心理學：快樂學

Positive Psychology: The Science of Happiness

一九九七年的某天，馬汀．塞利格曼（Martin Seligman）焦慮地等著選舉結果出爐，但是當時美國很少人注意到美國心理學協會這場宛如戲劇的新會長選舉。塞利格曼是美國心理學協會的傑出研究員，組織技巧純熟。儘管如此，他還是認為自己會落選。他坦承自己「極度悲觀」、「愛怨天尤人」，甚至把自己形容成「雨雲的化身」。[1]不過，顯然負向態度並沒有對他造成傷害，因為他當選了。幾個月後，他便提議要以「正向心理學」為任內的主題，也就是要研究「正向」的情緒和心態，像是樂觀、快樂、成就感和「心流」（flow）[1]。

在塞利格曼主導心理學界之前，正向思考根本

1 譯註：心流理論是一種心理學理論，認為當人全心專注於某種活動時，會感到極度興奮喜悅。

無法在學術界立足。一九五〇年代，知識分子嘲笑皮爾，四十年後，學者還是懶得理他的繼承人，認為他們的思想是短時間就會消失的流行文化和粗鄙的吹牛推銷術。不過塞利格曼得到絕佳的布道台後，便開始吸引源源不絕、滾滾而來的基金。於是，聲望卓著的心理學博士們也開始撰寫大量學術報告，把人們渴望的所有結果都和樂觀快樂扯上關係，像是身體健康和事業有成，有些報告還刊在新出版的《快樂研究期刊》（*Journal of Happiness Studies*）上。正向心理學（或稱「快樂學」）這門新學問立刻成為媒體的熱門主題，不但登上新聞雜誌的封面故事，報紙也持續為樂觀的人大肆宣傳好消息。學院之外的激勵講師、教練及相關產業人士，若剛好注意到這個現象，可真是撿到老天爺賜予的禮物了，因為從此之後，在解釋正向想法和正向結果的關聯時，他們用不著再請出神明，也不用再援引吸引力法則之類的神祕概念，他們可以求助於理性知識，並加上學術論文的標準用語：「有研究證明……」

正向心理學家通常會小心翼翼地離通俗的正向思考家遠一點。史丹佛大學的學院派快樂研究學者索妮雅．柳波莫斯基（Sonja Lyubomirsky）接受《Elle》雜誌訪問時表示：「我們做的事和通俗的正向思考家截然不同，我們從事的是科學研究，但那些人只會信口誇談自己的想法。」在同一篇文章中，塞利格曼指稱通俗的正向思考是「騙人的」，而且他保證：「用不著十年，我們會出版真正有效的自我成長書。」[2]正向心理學家不認同「吸引力法則」，也不承諾會讓讀者致富。相反地，他們鄙視財富，不過這在學術界也不是不尋常的事。他們將焦點放在更崇高的目標，就是取得**快樂**以及隨之而來的所有好處，像是健康。

不過正向心理學家很快就學起教練產業和激勵產業，跟著出版大眾書籍，而且書名中總有「you」或「your」，讓人一看就知道是自我成長書，像是塞利格曼的《改變：生物精神醫學與心理治療如何有效協助自我成長》（*What You Can Change...and What You Can't*）和《真實的快樂》（*Authentic Happiness: Using the New Positive Psychology to Realize Your Potential for Lasting Fulfillment*）。正向心理學家也加入了生涯教練這一行，例如塞利格曼一直到二〇〇五年都在當生涯教練，用研討會的方式舉辦教練課程，數百人同時參加，每次索價兩千美元。他還架設了搖錢網站「reflectivehappiness.com」，推銷「每月快樂練習課程」，上頭寫著自賣自誇的保證：「我們有信心，這套課程對您絕對有幫助。我們有限時免費優惠，歡迎試用塞利格曼博士效果卓著的課程，可以免費試用一個月喔。」[3]

此外，正向心理學家也追隨激勵產業的腳步，在企業界開拓市場。二〇〇七年，《正向心理學教練服務：助人實務的快樂學》（*Positive Psychology Coaching: Putting the Science of Happiness to Work for Your Clients*）這本書坦言：「把快樂賣給大公司這個想法聽起來似乎荒謬可笑。」不過卻馬上接著列出快樂的實用優點，表示快樂能增加員工的熱情與生產力。最後結論說：「快樂不需要人去推銷……快樂會推銷自己。」[4] 塞利格曼除了曾擔任大衛婚紗連鎖店（David's Bridal）的管理顧問（聽說增加了銷售額），還曾在幾家「財星五百大企業」（公司名號未透露）擔任顧問，舉辦「課程」，加強員工的樂觀態度與身體健康。[5]

不論正向心理學是科學界的一大突破，或是用來吸引資金與注意力的浮誇伎倆，至少它有辦法解決心理學這一行的謀生問題。一九八〇年代末，有效的抗憂鬱藥物問世，基層醫師診斷十分鐘就能開立處方，如此一來，心理學家還有什麼事可做呢？一九九〇年代，管理式醫療服務業者和保險公司起身反對傳統心理治療，斷了心理治療師的財路（心理治療師通常使用耗時的談話治療），因此密西根心理學協會表示心理學這一行「岌岌可危」，有位加州的心理醫師告訴《舊金山紀事報》：「管理式醫療服務出現後，儘管臨床心理醫師認為自己能治病，但許多醫師卻無法獲准治病。不過他們還是想做助人的工作，因此不再治病，當起教練。」[6]就算在治病上，心理醫師無法獲得支持，至少在指導一般健康人邁向快樂、樂觀、個人成就上，他們有無限機會。塞利格曼在《真實的快樂》這本書的前言寫道：「各位晚上躺在床上睡不著時，大概和我一樣，會沉思著如何讓生活從正兩分提高到正七分，而不光是如何從負五分提高到負三分。」[7]

塞利格曼建議大家不要再研究以探究病理為目標的「負向」心理學，當然，他這麼提議並不是要心理學家以此為新的職業考量，他只是在回應環境的變遷。二〇〇〇年他向採訪者說了下面這段話。我們能諒解這番話，因為當時還沒發生網路泡沫破滅、九一一事件、美伊戰爭：

> 現在世界上忙著研發核子武器的人是有史以來最少的；我國的每項經濟指標和客觀的福利指標都在成長；全球死於戰場的軍人是二戰以來最少的；兒童餓死的比例是人類史上最低的。但令人驚訝的是，我們竟然還那麼憂鬱悲觀。[8]

如此安逸的時代，怎麼會有那麼多負向想法呢？塞利格曼怪到人類演化的環境充滿危險：「因為我們的大腦是在冰天雪地、洪水氾濫、饑荒蔓延的時代中演化的，因此大腦時時刻刻都在擔心災難，會去尋找哪裡出錯。問題是，這在更新世時有效，有利於人，但在現代世界卻沒有用。」[9]二〇〇四年，他和長年的合作夥伴艾德・迪安納（Ed Diener）寫道：「現代社會有充足的商品和服務，簡單的需求大多獲得滿足了，因此現代人很幸運，能把注意力改為集中在『如何過美好生活』。」[10]這個觀點認為，去懷疑每個樹叢裡都潛伏著劍齒虎，對更新世的祖先很有幫助，但現在去觀想裝著黃金的罐子，對我們才比較有利。二〇〇六年二月份的《紐約客》中，有位評論者在評論兩本有關快樂的書籍時，有重述這個觀點，但並沒有加以批評。[11]

追本溯源

二〇〇七年五月，我找到機會訪問塞利格曼，不過有點惶惶不安，因為三個月前我才在《哈潑》發表文章，把正向心理學和通俗的正向思考都給批判了一番。果不其然，我與塞利格曼初次見面時，他滿臉怒容。賓州大學有棟外形像盒子的建築，裡頭的警衛在接待櫃檯前，指著上方身材矮小結實的圓頭男人，說：「他在那兒！」那個男人從二樓陽台往下看。我微笑揮手，但塞利格曼卻只回了句：「妳得搭電梯。」

然而，他卻沒有在二樓等我，而是消失在辦公室裡頭。他的祕書告訴我，他得再忙一會兒，而且他要我在等待之際，去見見兩名澳洲軍方的女士。我和她們握手後，她們告訴我她們是來求援的，要想辦法「防患未然，以免出現怨言」。聽完後，我就被領進辦公室，但又被拖延了一次。他告訴我英國國家廣播公司打電話來，說我可以坐在旁邊等，不過卻沒拿椅子給我。

那通電話是要安排訪問他的，要談論在英國公立學校舉辦「樂觀訓練」，這似乎讓他精神大振。我們聊了一些無關痛癢的話後，他便表示這麼美好的日子待在室內實在可惜，於是說：「這樣好了，我們到美術館吧。戶外百花盛開，而且我們可以去欣賞莫內的作品。」我客氣地反對，表示逛美術館會影響我寫筆記，至於到美術館內和到戶外的矛盾之處，我就懶得點出來了。不過顯然他遵守自己在《真實的快樂》裡寫的做法：「依手邊的任務，選擇合適的場地，打造適合的心情。」[12]搭上前往美術館的計程車後，他馬上告訴我，去看莫內的作品是他老婆的主意。他老婆曾建議說：「這樣她的心情會變好喔。」這使我不禁納悶，澳洲訪客來訪和英國國家廣播公司來電，是不是也是為了我才安排在那個時間。

一到因為《洛基》這部電影而出名的那間美術館後，阻礙似乎就不斷增加，干擾這次尋常的訪談。首先他堅持快速在美術館外圍走一圈，接著到裡頭的接待櫃檯後，他竟然問起一場當時正在進行的演講，我聽了心頭一沉。服務員告訴他無法進場聽演講後，他又詢問起早期聖塔莫尼卡市的照片展。我開始想像自己整個下午得跟著他在美術館內比較隱匿的區域逛來逛去。我實在無法想像，在開始研究正向心理學之前，塞利格曼早期居然是在研究「習得無助感」(Learned Helplessness)。他在那項研究中證明了狗在遭到隨意凌虐後，會變得消極沮喪，無法自我防衛。

雖然難以做筆記，但我還是試著持續和他談《真實的快樂》這本書。我發現這本書和當時的他一樣難以理解。那本書和大部分的非專業正向思考書籍一樣，盡寫些雜亂無章的軼聞趣事（塞利格曼的書主要以自傳體寫成）、引述哲人和宗教典籍，並收錄評量測驗，看看你在培養快樂心態上進步多少。讀第二次的時候，我才看出他的想法如何發展，雖然不合理，但至少還不算突兀。他一開始就說起正向心理學家擅長的「起源故事」，說他有一天在花園除草，五歲的女兒希望他不要再那麼「愛抱怨」。聽到女兒這麼說後，他才頓然醒悟，愛抱怨其實是學術界特有的毛病：「三十多年來，我一直注意到，心理學系的教職員都在陰沉昏暗、沒有窗子的房間開會，而且開會時大家都抱怨連連，不懂自省，氣氛冷到低於零度。」被女兒點醒後，他決定「努力在生活中增加正向情緒，認為這麼做是值得的」。名符其實的兒童樂園於焉開啟了。簡言之，待在那個樂園裡就像「在萬里無雲的春天，聆聽披頭四那首〈嘿，裘〉（Hey Jude）結尾時的輕快節奏，欣賞嬰兒和小羊的可愛照片。或是在飄雪的夜晚坐在溫暖的烈火前面」。[13]

但是在看似他就要擁抱快樂主義（說那是庸俗的快樂主義並不為過）之際，他突然懸崖勒馬，大肆發表和喀爾文教派一樣的觀點，表示厭惡享樂，囑咐讀者「要努力使自己感到滿足，不要一味追求愉悅」。原來「滿足」是「更高」境界的愉悅啊，因為人若要感到滿足，就得付出，像是「打三盤網球、參與機智的對話、閱讀普立茲獎得主理察．羅素（Richard Russo）的小說」。反之，「看情境喜劇、自慰、聞香水」，這類事情沒有難度，因此只能使人感到「愉悅」而已。這似乎是多餘的評斷，我會這麼說不僅因為理察．羅素的書又不像普魯斯特（Marcel Proust）的書那麼艱深，同時也因為書中還指出，所有「正向情緒」（包括滿足與愉悅）不一定能讓人獲得真實的快樂。這可讓我完全摸不著頭腦了。書中寫道：「人若終其一生都汲汲於追求正向情緒，會完全感覺不到真實與意義。而人若感覺不到真實與意義，絕對不可能獲得『真實的快樂』。」[14]

塞利格曼的書屏棄正向情緒，探尋起「性格」（character）。他坦承這個概念聽起來像喀爾文教派的教義，「和十九世紀維多利亞時代的新教徒一樣死板」。為了探究性格的根源，他和同僚徹底研究兩百位「品德崇高的人」，包括亞里斯多德與柏拉圖、奧古斯丁與阿奎納、《舊約聖經》裡的聖人、孔子、佛陀、班哲明．富蘭克林，並精挑細選出「六大美德」，分別為「智慧與知識」、「勇氣」、「關愛與仁慈」、「公正」、「節制」、「靈性與超越」。[15] 我們走上美術館階梯要到莫內的展覽區，就在此時，我告訴他，我不懂書中的這部分。例如，正向心理學家宣稱正向情緒能對健康與成功產生正向影響。但事實上，勇氣卻可能會使人陷入危險與痛苦，反而徹底失去「正向情緒」，而那些正向影響也會隨之消失；還有，人在追求靈性時，會絕食與禁欲，甚至人不想與別人交往。我喋喋不休地繼續說，在傳統觀念中，「性格」還包括能否定自我，甚至為了追求崇高目標而受苦。令我驚訝的是，他竟然轉而暗批昔日的合作夥伴迪安納。他說迪安納「整天強調要笑口常開，要想辦法讓人心情好點」；而他，塞利格曼，關心的是「意義和目的」。我不禁想起，他所列的美德並沒有忠誠這一項。

最後我們終於走到莫內的展覽區。他一開始滔滔不絕地高談己見，接著我們坐到長椅上，我拿出速記筆記本放在膝蓋上，準備嚴肅地訪問他。但就在此時，一名警衛走近，說我不能在莫內的作品附近使用鋼筆。沒錯，我不喜歡莫內的作品，因為他的作品太過專注於表達中產階級的安逸思想，薰衣草、烤餅、「嬰兒和小羊的照片」也一樣。我本想抗議，表示我不會用鋼筆的筆尖去戳那些作品，我還沒那麼討厭它們。不過我還是乖乖去附近櫃檯換了一枝粗短的二號鉛筆。此時訪談似乎已經全然失控：塞利格曼成了心理醫師，而我則是尖銳物品被沒收的精神病患。

我繼續訪問，把焦點放在「真實快樂測驗」。這是他網站（http://www.authentichappiness. sas.upenn.edu）上的一項測驗，滿分五分，我接受測驗後得到三點六七分，所以沒什麼好高興的。有個拉低我得分的問題是，要受測者在五個選項中選一個，從「甲、我對自己感到羞愧」到「戊、我對自己感到無比驕傲」，五個選項都不適合我。還有，既然我們一直在談美德，那我不免想知道：「驕傲是罪過嗎？」他回答道：「驕傲或許不好，不過有很高的預測性。」預測什麼？健康嗎？他回答：「研究還沒做到那麼精細，無法斷言可以從驕傲預測出健康。」我聽完後很洩氣，完全給搞糊塗了。我接著問另一個拉低分數的問題，我回答那個問題時，坦言「對未來感到悲觀」，不過我以為題目所指的是全人類的未來，不只是指我自己的未來。於是此刻在美術館中，我談起有沒有可能發生會波及全人類的災難，像是絕種或陷入蠻荒狀態。結果他卻只是專注盯著我說，他之前寫了一本書，名叫《學習樂觀，樂觀學習》（*Learned Optimism: How to Change Your Mind and Your Life*），教讀者改變想法，往樂觀的方向去想，若我能照那本書所闡述的道理去「學習」樂觀，我的寫書功力就會大增。

我們離開提振心情的莫內展覽區後，回到他的辦公室。就在此時，場面驟然變得棘手。當時我又談起「真實快樂測驗」，表示許多問題似乎有點武斷。他聽了後突然發飆：「這根本是惡意中傷嘛。而且你說這話證明了你根本不了解測驗的原理。問題是什麼並不重要，只要有預測性就好了，就算問題是有關糖霜冰淇淋和你喜不喜歡糖霜冰淇淋也無所謂，重點在於能不能測得準。」這種說法根本就不對。首先應該先設計測驗，測量出廣義的快樂；接著再找出看似與快樂有關聯的事物，像是糖霜冰淇淋。把冰淇淋加進快樂本身的定義中是不對的。

不過我並沒有這麼說。我繼續問書中一個非常令人火大的偽科學主張，也就是「快樂方程式」。他介紹這個快樂方程式時，還若有其事地當它是科學上的前提：「各位只要記得這個方程式就好。」聽起來好像正向心理學是以一大堆方程式為根基似的，而且他大發慈悲，讀者再也不用受其他方程式折磨。[16] 這個快樂方程式就是：

$$H = S + C + V$$

「H是當下的快樂指數；S是天生的快樂範圍；C是生活環境；V代表個人

自願改變的因素，比如說是否參加『樂觀訓練』來抑制負向或悲觀的想法。」我了解他想說什麼：影響人是否快樂的是天生性格（S）、當下環境（C，例如最近丟了工作或親友去世）、人為了改善想法所做的努力（V）。我把它改寫成下列函數，應該不會有人反對：

$$H = f(S, C, V)$$

用文字來表達就是：H是S、C、V的函數；不過這個函數的本質還沒確定。用方程式來表達快樂肯定會招人奚落的。我提出連物理初學者都會想到的問題：「測量單位是什麼？」H的單位（是每天有多少快樂的想法嗎？）得跟V、S、C的單位一樣，這樣這些項目才加得起來啊。他回答：「這個嘛，每項前面都有常數。」我繼續逼問，他則回答：「C可分為二十種不同的事物，像是宗教、婚姻等等。」接著他談到正向心理學家已經發現，已婚和有宗教信仰的人比單身和不相信宗教的人更容易感到快樂。於是我問：「那你要怎麼把C變成數字呢？」他的臉又扭曲成怒容了，說我不了解「β值加權計算」，應該回去上網用谷歌搜尋一下。

為了確認，我照做了。我發現「β值」是回歸方程式的「預測變數」係數，用於找出變數之間的統計關係。不過塞利格曼沒說快樂方程式只是過度簡化的回歸分析方程式，反而把它說成像$E = mc^2$之類的普通方程式。這樣當然有人會提出下列這類講求實際的問題啊：H單純只是各變數的總和嗎？沒有更複雜的關係嗎？可不可能有CV（也就是C乘以V）這類的「二階關係」呢？不過顯然塞利格曼想要用方程式，因為方程式能加上一層騙人的表面裝飾，讓人以為這是科學。而且他想要快速得到方程式，於是便求助簡單的加法。方程式無疑能讓書看起來更有分量，看起來像充滿精確的數學理論。不過這個方程式卻讓塞利格曼看起來像《綠野仙蹤》裡頭的巫師。

心理學領域也有自家人批評正向心理學，最直言不諱的莫過於鮑登學院（Bowdoin College）的芭芭拉．海爾德（Barbara Held）教授了。海爾德是位引人注目的女性，留著黑色長髮，機敏幽默。她也寫了本自我成長書，取了個大膽逆行的書名，叫《有怨言就說，別再勉強微笑》（*Stop Smiling, Start Kvetching*）。二〇〇三年，她受邀參加國際正向心理學高峰會（International Positive Psychology Summit），到討論小組中發言。她出席時帶著一款T恤，上頭的圖案是個被關在禁止符號內的笑臉。她還請塞利格曼和迪安納收下。她的抗議重點之一是：正向心理學認同「用正向的幻想」來變得幸福快樂。她引述塞利格曼的這段話：「正向心理學家的工作不是去教人保持樂觀、重視心靈、親切待人、保持好心情，而是去說明做這些事會產生什麼結果，像是能讓人身體健康、事業有成；**不過可能得犧牲一點現實**。」（重點是我加上去的）[17] 海爾德這麼寫道：「各門各派的正向心理學家都宣稱自己力求嚴謹的『科學』，若是這樣，怎麼會願意拋棄『現實』和『客觀性』呢？」她認為有些正向心理學家有「雙重認知標準」，一邊認同客觀公正的科學，一邊贊成在日常生活中抱持「樂觀的偏見」。[18]

快樂與健康

正向心理學和一般正向思考的中心主張一樣，認為快樂（或樂觀、正向心情、正向情緒或正向的**一切事物**）不僅值得追求，實際上也有益處，能讓人更健康、更有成就。一本談論正向心理學的書這麼寫道：「快樂不僅使人心情愉悅，也對人有益。」而塞利格曼在《真實的快樂》中，開門見山就概述一些研究，表示快樂或正向的人比不快樂的人更長壽。[19] 換句話說，人應該努力保持快樂，原因很多，最重要的是，不快樂可能會導致體弱多病和一事無成。不過，要是快樂會使人生病與失敗，大家還會想保持快樂嗎？就有生物就算終生沉溺於不健康的習慣中，還是極度滿足，這應該不難想像吧？比如說，「在屎堆中的豬」就快樂得不得了，這大家都知道啊。正向心理學家亟需要快樂起作用，使人變得健康、取得「成就」（正向思考家稱之為「成功」），這點最能突顯喀爾文教義依舊存在正向心理學中，揮之不去。

不管用什麼標準來衡量，快樂或正向的人確實看似在工作上比較有成就，求職時比較可能獲得第二次面試機會，上司比較可能會給予正面評價，比較不會因長期壓力而身心俱疲，在事業上比較可能步步高陞。不過這大概只是反映出企業偏愛正向態度、討厭「負向」的人。有篇廣為引用的評論文章，題為〈經常表現正向情緒的優點：快樂會使人成功嗎？〉（The Benefits of Frequent Positive Affect: Does Happiness Lead to Success?），迪安納也是作者之一，這篇文章對這種偏見隻字未提，顯然只是想加強這種偏見。[20]

有人認為抱持正向想法有益健康，每當談到這一點，正向心理學家的立場似乎就更加堅定。我們前面談過了，正向想法無法治癒癌症。不過就比較常見的抱怨來看，憂鬱、愛抱怨、一有短暫症狀出現就日思夜想，一般人容易推測這樣會導致生病。各位還記得嗎？十九世紀昆比等人鼓勵長期體弱多病的人下床，去想自己是健康的，光是這樣就奇蹟似的治好了病人。現在沒有人「神經衰弱」了，不過卻有很多病是身心失調引起的，這類疾病用「心靈療法」來治，有時可能確實有效。復健醫學教授約翰．薩諾（John E. Sarno）出版過一本書，指出下背痛是壓抑憤怒造成的，而非身體有異，因此用心理練習就能治好。有數千人出來作證，表示心理練習有療效，知名的健康大師安德魯．威爾（Andrew Weil）也是見證人。[21]

雖然有些站不住腳的研究把態度與癌症存活率扯在一起，不過確實有許多研究指出，和脾氣乖戾或悲觀的人相比，快樂或樂觀的人比較可能身體健康。然而，這類研究大多只證實快樂與健康有關，完全沒有說明兩者的因果關係：人是因為快樂才健康呢？還是因為健康所以快樂呢？若要釐清因果，就得進行長時間的「縱時」研究。這類研究常被正向心理學家引用的有三個，不過沒有一個是無懈可擊的。

第一個研究是二〇〇一年的「修女研究」，塞利格曼稱之為「有史以來最出色的快樂與壽命研究」。這項研究是要證明比較快樂的修女比比較不快樂的修女活得久，而研究結果發現，比較快樂的修女平均活到九十幾歲，比較不快樂的修女平均活到七、八十歲。[22]不過這項研究在衡量快樂上有問題。一九三〇年代初，當時約二十二歲的修女們寫下摘要報告，簡述人生規畫和將如何為宗教奉獻。有些摘要報告上寫著「我感到既熱切又歡喜，期待獲得修女的聖袍，企盼終生與神的愛結合」。研究員認定這類陳述是高度「正向情緒的內容」。有些修女所寫的報告就沒有表露情感，像是「有了神的恩典，我打算為教會、為了傳教、為了讓自己成聖，全力以赴」。結果，表達出高度正向情緒的修女比沒有流露情感的修女活得更久。可是，並不是人人都能用文字真切表達情緒，因此把「正向情緒的內容」解讀為主觀的快樂，太唐突了。其實，長壽的關鍵就是文筆好，這樣的推論搞不好還比較合理。況且，這項研究的其中一名作者在更早前就曾發表一篇研究，似乎正是暗示：修女年輕時若能寫出含高「思想密度」的複雜文句，年老時罹患阿茲海默症的機率較低。[23]

第二項縱時研究塞利格曼在《真實的快樂》的開頭也有引用，不過這項研究與「快樂能讓人健康」這個主張甚至沒有直接關係。在這項研究中，研究員是以「微笑看起來是否發自內心」來衡量快樂。研究員拿「私立密爾斯女子博雅教育學院」(Mills College)在二十世紀中葉的兩屆畢業紀念冊，仔細研究班級照片，發現有一半的少女露出「真心」的微笑，雙眼皺出細紋，嘴角上揚。數十年後，他們發現，那些笑得快樂的人不僅婚姻比較美滿，也比較滿意整體生活。不管這項研究發現的結果是否切合題旨，可以確定的是，若用威斯康辛州高中生的畢業紀念冊來做類似的研究，結果絕對不一樣。[24]因為在菁英學生比較少的高中，根本無法從照片中的笑容預測未來的生活是否快樂。

最後一項研究正向心理學家很喜歡引用，這項研究的對象是六十五歲以上的墨西哥裔美國人，研究結果發現，和自稱不快樂的人相比，自稱快樂的人活得比較久、比較不會身體虛弱。[25]在《真實的快樂》中，塞利格曼寫道，綜觀墨西哥裔美國人、修女、密爾斯學院這三個研究案例，我們可以發現，「快樂確實能延年益壽、強身健體。」[26]不過這項研究也有問題。這項研究的對照條件只有收入、教育程度、體重、是否抽煙喝酒，但是卻沒有身體活動這個對照條件。

而大家都知道，從身體活動能預測老年人的健康與體力，比較快樂的墨西哥裔美國人可能是因為行動、跳舞、運動、勞動的能力比較好，才比較健康啊。這項研究的其中一位作者告訴我，這是他們正在進行的研究方向。

有些研究指出，快樂或其他正向情緒可能不會影響健康，這使得「快樂能延年益壽、強身健體」這句話變得有待商榷。我們在第一章談過了，乳癌患者就算參加支持團體或接受心理治療，改善了心態，還是無法延長壽命。在喉癌患者身上也發現同樣的情況，而且事實證明，樂觀也無助於延長肺癌患者的壽命。[27]正向情緒能預防心臟病的證據似乎就比較明確，雖然這點我沒資格加以評斷，不過塞利格曼彙整一張列表給我，上頭列出談論心臟病和情緒狀態的文章，其中有些文章提及，有研究發現樂觀和其他正向心態不僅能預防心臟病，還能加速心臟病復原。[28]不過列表中也有些文章是模稜兩可的。海爾德引用一項研究指出，「情緒非常負向」的人比較愛抱怨心絞痛，但是並不會比心情好的人容易生病。[29]

海爾德引用的某些研究甚至推斷，悲觀之類的負向特質長期而言比樂觀和快樂更有益健康。[30]例如，二〇〇二年有研究發現，和無憂無慮或重度憂鬱的女性相比，輕度憂鬱的女性可能活得比較久。令人擔心的是，有項針對一千名加州學童進行的縱時研究推斷，樂觀可能會導致在中年或老年早逝，原因可能是樂觀的人比較常冒險。另一項較新的研究發現，九到十三歲左右的孩子，若實際了解自己在同儕中的地位，比較不會憂鬱；反之，抱持正向幻想、以為自己大受歡迎的人，比較容易憂鬱。[31]不過在悲觀研究中，最令人詫異的莫過於二〇〇一年塞利格曼和別人一起做的研究。該研究發現在老年人中，悲觀者在生活發生負向變故（像是喪親）後，比較不會陷入憂鬱。[32]《真實的快樂》中並沒有提到這項研究，但塞利格曼發表這項研究時，曾在《紐約時報》評論說：「不能讓樂觀淪為『不切實際』（他的意思應該是『不受拘束』）、沒有根據。」[33]所以注重現實畢竟還是有好處的。

不過媒體把訊息傳給大眾時，容易扭曲成「正向情緒對健康有正向影響」。由此可見，媒體長久存在偏見，不喜歡「不符合事先預期的研究成果」。例如，若有研究發現性別不影響短距離衝刺與解二次方程式的能力，相較之下，媒體會認為「某個性別遠優於異性」這樣的研究報告比較值得報導。媒體報導正向心理學時同樣有這樣的偏見。二〇〇二年《紐約時報》有篇文章，討論兩項探討樂觀與壽命有何關係的研究，以及四項探討壽命和其他特質（像是盡責、冷靜、悲觀，甚至脾氣暴躁）有何關係的研究，不過文章的題目卻是「正向思考的力量影響深遠，似乎有助於延長壽命」。[34]有些正向心理學家承認有壓力，因為他們得給媒體看似正向的研究結果。《正向心理學手冊》（*Handbook of Positive Psychology*）的編輯們提出下列警告：

> 這種提振身心的新方法（正向心理學）可能會營造出興奮的氛圍，引人做出過度的推斷，以傳達情況正在進步的感覺。每每有新發現與新進展時，新聞媒體工作者幾乎都以自己的想法加以解讀報導，扭曲了原意。如此一來，大家更可能會做出過度的推斷。[35]

然而，新聞會用正向角度來詮釋正向心理學，也不能全怪熱心過了頭的記者。二〇〇五年有篇評論，題為〈正向情緒會影響健康嗎？〉（Does Positive Affect Influence Health?）。該文章的完整摘要如下：

在探討正向情緒和身體健康有關的文獻中，可以發現幾種一致的標準論述，本文描述了這些標準論述，然而也提出了重要異議，無法認同這類文獻的概念與方法。有證據顯示，低發病率、減少症狀與疼痛、社區老年居民延長壽命，均與正向情緒有關。但是，有關正向情緒和重病存活率的文獻卻有矛盾之處。在實驗中，引起強烈正向情緒會激起短時間的生理刺激，可能會對免疫功能、心血管功能、肺臟功能造成有害的影響。然而，在門診病人的一般研究中，通常無法發現正向情緒所產生的影響，因為引起的正向情緒通常比較弱，而且經常會產生保護健康的反應。本文提出的理論架構將有助於進一步的研究。[36]

不過在訪談中，記者請作者們「用外行人聽得懂的話來總結這篇報告的意義」時，作者們不僅否認有異議，也表示並沒有擔心文獻「矛盾之處」和那些「可能有害的影響」，反而興高采烈地回答：「這篇報告提出了初步證據，證明若經常感到快樂、熱忱、冷靜等正向情緒，比較不會罹患某些疾病、比較長壽、比較不會出現病症、比較不會感到痛苦。」[37]

蘇珊・賽格斯特倫（Suzanne Segerstrom）也提出過這種正向自我詮釋的研究。她是肯塔基大學的研究員，二〇〇二年她的研究獲得坦伯頓基金會心理學獎（Templeton Foundation Award for Positive Psychology），研究主題堪稱正向心理學的聖杯：正向情緒和免疫系統可能有關。雖然免疫系統在癌症中沒有扮演明確角色，但在抵禦感冒和其他傳染病上，絕對至關重要。這個事實與正向情緒和免疫系統有沒有關聯根本是兩碼事，但塞利格曼卻堅稱正向情緒與免疫系統有關，並撰文表示：「人若快樂，免疫系統會比較活躍。」一九九八年，賽格斯特倫發表報告指出，測量關鍵免疫細胞數量後發現，樂觀能加強免疫系統功能。不過三年後她又發表研究，提出「矛盾的研究結果」：「有時樂觀者的免疫系統比悲觀者還差。」[38]

她的研究結果充其量只能算「有正有負」，甚至可以說是「負向的」，不過若看她在報紙上對研究的說明，絕對看不出來這一點。二〇〇二年接受《紐約每日新聞報》（*New York Daily News*）採訪時，她表示：「樂觀非常有益健康，此外，樂觀的人總是比較善於調整情緒，而且多數樂觀的人都比較不會生病。」[39]二〇〇七年，我用電話訪問她，她堅稱媒體或任何人都沒有對她施壓，沒有人要她對負向結果輕描淡寫。不過後來在訪談中，我談到她獲獎時，她告訴我：「若是研究成果不符合眾人預期，別說坦伯頓獎，什麼獎都得不到。」

正向心理學與坦伯頓的關聯

從二〇〇〇年到二〇〇九年，坦伯頓基金會共捐了兩百二十萬美元給塞利格曼的正向心理學中心，另外還捐了約一百三十萬美元資助五花八門的正向心理學研究計畫，研究感恩、謙卑、人際關係等主題。坦伯頓基金會最為人所知的，大概就是它致力於使宗教的知識根基比得上科學。一九七二年，家財萬貫的投資家約翰·坦伯頓爵士（Sir John Templeton）創立坦伯頓基金會，每年頒發坦伯頓宗教促進獎（Templeton Prize for Progress in Religion），這個獎項是用來填補諾貝爾獎留下的缺口，獎金比諾貝爾獎高了許多，二〇〇二年改名為坦伯頓靈性真相研發促進獎（Templeton Prize for Progress toward Research or Discoveries about Spiritual Realities），或許是為了反映宗教領域沒什麼進展吧。坦伯頓基金會為了使宗教合乎科學理論，曾參與一些曖昧的投機活動，像是在一九九九年資助舉辦研討會，討論以智慧設計論來取代演化論[2]。不過近幾年坦伯頓基金會更加審慎了，不再支持智慧設計論，而且為了展現以「探索靈性」為目標，資助起研究祈禱的功效（這項研究的成果還是不符合原先預期）和多種抽象特質，像是「性格」與「謙虛」。坦伯頓爵士在二〇〇八年去世之前一直很喜歡湊合科學家與神學家，希望雙方能在熱帶豪華度假中心找到共同的立場。

正向心理學主張正向情緒會影響身體健康，坦伯頓可能因此而受到吸引。十九世紀起，在美國各門派的靈性理論中都能發現這種主張「心靈能克服物質障礙」的說法。不過其實還有個更有趣的關係，坦伯頓是皮爾的助手，而且本身也是小有名氣的正向思考大師。二〇〇四年，坦伯頓基金會的《能力報告書》（*Capabilities Report*）記載：「七十年前讀完諾曼．文生．皮爾的《積極思考的力量》一書後，他才恍然大悟：『我短暫的人生現在會變成這個樣子，原來主要是心態造成的啊。抱著尋找好事的心態，好事就會發生在你身上；抱著付出愛的心態，就能得到愛。』」[40]坦伯頓寫了幾本自我成長書，有些就直接由他的基金會出版，

2　譯註：智慧設計論主張，宇宙與生物會出現某些特徵是經過智慧設計，並非自然天擇，而那位設計者就是神。

非常方便，像是《坦伯頓計畫：邁向個人成功與真正快樂的二十一個步驟》（*The Templeton Plan: 21 Steps to Personal Success and Real Happiness*）、《富足人生的五十準則》（*Worldwide Laws of Life: 200 Eternal Spiritual Principles*）、《富爺爺的樂活投資》（*Discovering the Laws of Life*）。最後那本《富爺爺的樂活投資》不只有蕭律柏背書，還有皮爾親自跨刀寫序，稱坦伯頓是「當代基督教教會最了不起的信徒」。正向心理學最後搞不好能成為正向思考的科學根基，這點坦伯頓當然注意到了。

不過坦伯頓並非尋常的正向思考生意人，他還熱衷政治。他的兒子一九九五年接掌基金會，比他更熱衷政治。約翰．坦伯頓二世是共和黨的捐款大戶，積極參與政治，曾資助名為「讓自由之聲響起」（Let Freedom Ring）的團體。該團體的任務是在二〇〇四年為喬治．布希爭取福音派選票。二〇〇七年，他捐助名為「自由監督」（Freedom's Watch）的遊說組織。該組織購買電視廣告，經常把伊拉克與蓋達組織混為一談，藉此支持美伊戰爭。就近期而言，他支持二〇一二年羅姆尼和二〇〇八年麥肯的總統競選活動，並且支持通過禁止同性戀結婚的加州八號提案，是該宣傳活動的第二大資助人。[41]

當然，基金會本身沒有黨派，不過立場嚴重偏頗，支持「自由企業制度」。數年來，基金會不僅頒發現金獎金給幾位保守派學者，像是米爾頓·傅利曼（Milton Friedman）和格特魯格·希姆爾法布（Gertrude Himmelfarb），也頒發補助金給一大堆保守派組織，像是傳統基金會（Heritage Foundation）、曼哈頓研究所（Manhattan Institute）、傑西·漢斯中心基金會（Jesse Helms Center Foundation）、聯邦主義者協會（Federalist Society）、全國學者協會（National Association of Scholars）。其中全國學者協會專門從事一些違反「政治正確」的活動，還反對學術自由。[42]私營企業教育協會（Association of Private Enterprise Education）也有接受補助，在網站上提出這樣的聲明：「當前社會面臨極大的危險，因為有煽惑人心的政客痛斥『有錢人』，打算搶奪私人財產，但私人財產是社會發展的寶貴資源。要抵禦這班蠱惑人心的政客，就得去了解私人企業的原則，並給予支持。只不過這些原則深奧難懂，並非人人都能理解。」在坦伯頓基金會的二〇〇六年報告中，我們可以發現，該基金會「資助許多計畫和研究活動，去研究競爭的好處，尤其想證明自由企業制度和其他資本主義的原則都可以造福窮人，而且也一定會這麼做」。[43]「一定會造福窮人」這個前提已經暗示研究結果絕對會是如此。不過報告卻繼續提問，以表憂愁：「已經有人證明市場和自由企業制度的法則能使經

濟永續發展，為何世上還有半數人口住在骯髒的環境中呢？」（重點為原書標示）

我寫這些，並不是在暗示正向心理學或所有正向學說都是保守右翼分子的陰謀。各個通俗正向思考流派的政治血脈不盡相同。皮爾雖然因為抨擊天主教總統候選人約翰．甘迺迪遭指為偏執，不過至少在那之前，他是個坦率的保守派。換個角度來看，現代最有名的正向思考宣揚家大概非歐普拉莫屬了，一般人認為她是自由派。至於正向心理學界呢？塞利格曼絕對是偏右的。大家都知道他無法忍受「受害者」和「受害者心理學」。例如，二〇〇〇年他在訪談中說：「在時下的文化中，每當出了差錯，一般人總是認為那是有股強大力量造成的，不是自己的性格或決定造成的。」[44]他也曾到軍方的逃生防禦學校（Survival, Evasion, Resistance, Escape）演講，討論用狗進行的「習得無助感」實驗。這些學校原本的目的是要教美軍遭俘虜時如何求生，不過九一一事件發生後，任務改變了，改為負責發明新方法來拷問可能是恐怖分子的人。[45]（塞利格曼否認協助研究嚴刑拷打，他二〇〇八年寫了封電子郵件聲明：「我強烈反對嚴刑拷打，我以前不曾協助這類研究，未來也不會。」）那一般正向心理學家的觀點為何呢？正向心理學界有顆星正竄上天際，這顆新星就是維吉尼亞大學的強納森．海德特（Jonathan Haidt）。他堅信不移地對我說，大部分正向心理學家的個人觀點應該都很開明。當然，很多正向心理學家自認為是反抗者，反對心胸狹隘的心理學家，因為後者仍沉迷於「負向」的主題，像是憂鬱、精神官能症、痛苦。

不過正向心理學似乎在對抗「負向心理學」時把反叛氣力用盡了，現在提出許多研究結果來溫暖多數保守派的心，比如說已婚者、篤信宗教的人（尤其是基本教義派教徒）還有政治立場保守的人是最快樂的。[46]畢竟快樂通常是以受測者自述對生活滿不滿意來衡量，富裕的人、遵守社會規範的人、信奉宗教時會壓抑批判想法的人、不會對社會不公義憤填膺的人，這些人比較容易保持快樂的心態。不過奇怪的是，基本教義派的人結婚後都會期待孩子出生，但孩子出生實際上卻會讓父母變得比較不快樂。而且哈佛大學的心理學家丹尼爾．吉伯特（Daniel Gilbert）表示：「目前唯一已知的『空巢症』症狀就是會使人笑口更常開。」[47]

正向心理學不公平地濫用一切力量，緊抓著現況不放，從這點就可看出正向心理學內含的保守思想。例如，正向心理學家的幸福快樂測驗非常重視個人是否滿意現況。我們來看看迪安納一干人開發出來的「生活滿意度量表」。這份量表廣為使用，要求受試者回答認同或不認同下列敘述：

在多數方面，我現在的生活貼近理想。
我現在的生活條件好極了。
我現在對生活很滿意。
到目前為止，我已經獲得生活中想要的重要事物了。
若能重新活一次，我希望什麼都不要變。[48]

敝人認為，正向心理學（或心胸更開闊的正向心理學）可以發起運動，改變社會制度，使社會變得更快樂，比如主張職場組織應該更民主。可是，正向心理學似乎加入雇方陣營。二〇〇八年，塞利格曼的合作夥伴克里斯．彼得森（Chris Peterson）告訴《克里夫蘭據實報》（*Cleveland Plain Dealer*），企業主管對新的快樂學格外感興趣：「務實的企業文化有興趣知道如何用更少勞工來完成更多工作。

企業主管漸漸明白，若勞工開心，工作起來就更認真、更有效率。因此現在企業主管要帶頭衝鋒。」[49] 那參與社會活動來反對社會不公有什麼效果呢？美國心理學協會出版的《監督心理學雜誌》(*Monitor on Psychology*) 在一九九八年這樣報導：「塞利格曼主張……譴責惡人、支持劣勢者，或許會暫時覺得心情好，但這種好心情很快就會消失。」[50] 為何積極參與社會活動只能產生短暫的好心情，而實踐其他德行、欣賞莫內的作品、閱讀理察．羅素的小說，反而能讓好心情維持久一點呢？這點塞利格曼就沒有解釋了。

正向心理學和通俗的正向思考一樣，幾乎只重視人要如何藉由調整觀點來改變內在。塞利格曼直言不諱地反對改變社會，撰文說明「環境」對人的快樂有何影響：「關於環境，好消息是改變環境有時確實能讓人更快樂；壞消息是改變環境通常不切實際而且所費不貲。」[51] 每次有人提出改革，要求男女同酬，絕對會有人同樣拿「不切實際而且所費不貲」這個論調來加以反對。

正向心理學家在為維持現況辯護上，還有更重要的貢獻，那就是主張（或「發現」）環境影響快樂甚小。在毫無根據的「H＝S＋C＋V」方程式中，正向心理學家通常認為代表環境的C占總和很小，只有百分之八到十五左右。[52] 正向心理學家時常引用五花八門的研究，來證明C不符合邏輯。例如有研究發現，丟了工作的人或因脊椎嚴重受傷而下半身癱瘓的人，很快就會變得和以前一樣快樂。不過我訪問塞利格曼時，他卻說有新證據顯示，下半身癱瘓的人和失業的人「不會再像以前一樣快樂」，而且他估計C可能高達總和的百分之二十五。他還補充說：「C有多大這個問題引發了許多爭議，因為這涉及政府的政策對我們重不重要。」

確實，若環境影響人的快樂甚小（就算占百分之二十五還是算小），那就表示推動政策是不重要的活動囉。好的工作與學校、安全的社區、全民健康保險以及其他必要的自由，若追求這些對於讓人快樂沒什麼效果，那為什麼要提倡呢？若是這樣，馬不停蹄的社會改革家、積極參與政治的人、以改變環境為目標的民選官員，都能好好休息了。而且既然沒有人談論要使用基因治療來提高S，也就是個人天生的快樂範圍，那麼能「修補」的，就只剩V了，也就是自願的付出。人類為了追求更美好的世界，努力了無數年，現在指揮棒交給了「樂觀訓練師」、正向心理學家、提倡通俗正向思考的人。

我再次遇到塞利格曼時，他竟然出乎意料地和善熱情。我們是在第六屆國際正向心理學高峰會碰面，那場會議在華盛頓特區的蓋洛普組織大樓舉辦。他邀我坐到身旁，問我喜不喜歡早課的「能量運動」。在研究生等級的正向思考教學課程中有安插五分鐘的能量運動，由幾位女研究生帶領。她們請聽眾站起來，轉轉肩膀、扭扭脖子、搖搖身體，接著所有人一起發出一聲又大又長的「啊」。我們放鬆身體後，現場放起瑞奇·馬汀的舞曲「生命之杯」，節奏砰砰有力，台上的女性開始隨著音樂起舞。雖然舞蹈經過編排，她們跳起來卻彆腳。有些聽眾隨著音樂自由舞動，有些年長的男性跺著腳，活像在將火踩熄似的。我告訴塞利格曼，我蠻喜歡能量運動，但實在懶得告訴他，在演講人協會年會中，激勵講師要聽眾做的活動和這個能量運動根本沒兩樣。

那場「高峰會」在二〇〇七年十月舉辦，當時正向心理學有許多成果要慶祝。它在學術界的各層級都逐漸扎根，超過兩百所大學與研究所開設正向心理學課程，也有人稱之為「快樂一〇一」課程。在課程中，學生必須仔細回想歡樂的時光，還有做練習活動，像是寫「感恩信」給生活中的人。二〇〇六年，哈佛大學的初級正向心理學課程吸引了八百五十五名學生，成了校園中最熱門的課程，甚至超越了經濟學。二〇〇七年初《紐約時報雜誌》有篇文章，專門報導喬治梅森大學（George Mason University）大學部的類似課程。[53]研究所的課程在全球各地如雨後春筍般出現，賓州大學的應用正向心理學碩士學程就把這類課程列為必修。東倫敦大學的伊洛娜·博尼韋爾（Ilona Boniwell）在高峰會演講時表示，她認為研究所課程會在阿根廷、澳洲、印度、以色列、墨西哥、西班牙、新加坡等國「急速增加」。

再者，現在似乎有誘人的職業等著拿到高階正向心理學學位的人。賓州大學以校友湯姆·雷斯（Tom Rath）作為招生代言人，他是《你的桶子有多滿》（*How Full Is Your Bucket?*）這本商管勵志書的作者之一。此外，他和其他兩位校友成立了顧問團，把正向心理學推廣到公立學校，舉辦研討會，討論「測量與培養性格力量和美德」以及「學習如何培養樂觀與堅毅的態度」這類主題。[54]還有一位校友大衛·波萊（David J. Pollay）不只是商業顧問，同時也是快樂新聞網的專欄作家。不過機會最多的工作似乎是透過諮商和訓練，把正向心理學應用於組織和企業。有一次分組討論會，參加的人非常多，擠得大家只能席地而坐。一位英國顧問說他協助過富國銀行（Wells Fargo）和微軟等客戶，建立「以力量為根基的組織」。

他用Power Point簡報軟體來簡報，列出一堆術語，像是「自然和真實」、「賦予能量」、「積極認真」、「學習與發展」、「表現優異」、「福祉與滿足」。鎖定商業讀者的正向思考書籍中也有類似的列表，用形容詞搭配名詞胡亂排出一堆術語，看了令人想抓狂。竟然有人認為這些列表就是「理論」。看到這些列表我不禁納悶，受過學術訓練的正向心理學教練和成千上萬自封名號、靠企業界維生的教練與激勵專家，到底有何差別。

不過就連在這場自家人沾沾自喜的「高峰會」，也有人憂心正向心理學的科學根基。博尼韋爾說明東倫敦大學正向心理學碩士課程所面臨的「挑戰」時，提到「英國有人提出合理的懷疑論述」。我聽了不禁覺得古怪：有學生心存懷疑、提出質疑，物理學教授與社會學教授不是應該開心嗎？在會議休息時間，我向她提出這個問題。她回答說：「在正向心理學界，許多人提出研究結果時都會誇大其實。例如研究結果通常只能說明關聯性，不能說明因果關係。正向心理學的科學證據有時無法及時證明正向心理學的成效。」「成效」指的就是成為企業教練、賺大錢；而科學證據顯然得趕緊去證明先空口說出的成效。

事實上，去年正向心理學獲得的聲譽並非百分之百正向。二〇〇七年《紐約時報雜誌》有篇討論「快樂一〇一」課程的文章，表示「正向心理學給人的感覺就像教派思想，該領域的聲譽超過了科學能證明的範圍，這種現象是沒有好處的」。這篇文章繼續報導：「現有的科學證據可能還不是最精確的，為此塞利格曼也很傷腦筋。他說：『我和大家擔心的事一樣，我每天早上四點就開始煩惱。』」[55]

某天下午舉辦了一場會議，相關人士都出席，討論「正向心理學的未來」，主角是這門學科的元老馬汀・塞利格曼和艾・迪安納。在會議中，憂慮終於被搬上檯面了。聽眾全都注意聽著塞利格曼發言，他一開口就說：「我斷定我的正向心理學理論完全錯了。為什麼這麼說呢？因為它的重點是快樂，這太複雜了，無法用科學加以解釋。」不過呢，他表示能修正這個問題，只要加入「成功」與「成就」這兩個概念就行了。但我不禁注意到，如此一來，正向心理學家的領域就會和皮爾以及多如牛毛的成功大師一樣了。塞利格曼接著說，加上成功這個概念後，大家談論的，就不再只是正向心理學，而是「多元科學理論」，包含人類學、政治學、經濟學。所以他要改走的領域就是「正向社會科學」。

在場幾百名聽眾都是正向心理學家、研究生、教練，也難怪他們聽到塞利格曼的說明都驚愕萬分。這肯定有點像聽到父親說，現在的家太小了，空間有限，打算搬新家。塞利格曼坦承正向心理學的科學基礎過於薄弱。在問答討論時，有幾個人針對這點提問，其中一人問：「我們要怎麼用教練之類的應用實務來平衡正向心理學的經驗層面呢？」迪安納回應了一部分問題，說：「做沒有充分證據的事，至少能滿足需求。」塞利格曼表示認同，說：「人們想要快樂，這使得正向心理學承受壓力，必須提出實用結果。」他拿萊特兄弟當擋箭牌，說：「在這種情況下，有時候教練之類的應用實務會凌駕於科學之前，然後我們再從實務中建立科學。就像萊特兄弟已經飛上天空時，科學家還不知道鳥是怎麼飛的啊。」

聽到要改走「正向社會科學」，大家更加焦慮。迪安納就發聲捍衛「正向心理學」，說：「那是品牌耶。」他還說，他「討厭」轉向正向社會科學，因為社會科學包含了社會學，而社會學「軟弱無力」，嚴重缺乏贊助人。這番話似乎把主題從科學轉移到赤裸裸的機會主義了。有位與會者認為「正向心理學在商學院很吃香，而且與高薪形影不離」，因此提議改名為「應用行為經濟學」，所有人聽了都笑不出來。

第七章

正向思考如何破壞經濟

How Positive Thinking Destroyed the Economy

二〇〇五年前後，正向想法流出太陽系，穿越廣大的星際氣體，閃開黑洞，擾亂遙遠行星的潮汐，湧入宇宙，規模空前浩大。若有人（不管是神或是外星生物）有辦法看透人類發射出去的正向想法，肯定會看到一大堆畫面，像是苗條身材、大型豪宅、快速升遷、瞬間致富，看得眼花撩亂。

不過宇宙拒絕擔任人類所指定的工作，拒絕成為「大型郵購部」。正向思考大師們介紹人們運用「吸引力法則」已經數十年，但對多數美國人而言，局勢卻是江河日下，而非蒸蒸日上，徹底反駁了吸引力法則。窮人照樣窮，就算向成功神學傳教士（例如歐斯汀和杜祁福）尋求精神指引也幫不上忙。窮人的數量甚至增加了。從二〇〇二年到二〇〇六年，雖然經濟欣欣向榮，但根據官方統計，有孩子的家庭中，「低薪」家庭所占的比例卻增加到百分之二十五。[1]曾經和中產階級部分重疊的傳統勞工階級薪水減少了，而且像製造業這類薪資不錯的工作也消失了。在許多人看來，「壓榨」似乎成了最重要的詞彙，有些書便說明這種現象，像是傑瑞・伯恩斯坦（Jared Bernstein）所寫的《為什麼我覺得飽受壓榨？》（*Crunch: Why Do I Feel So Squeezed?*）和史蒂芬・葛林豪斯（Steven Greenhouse）所寫的《嚴重壓榨：美國勞工的艱困年代》（*The Big Squeeze: Tough Times for the American Worker*）。

白領中產階級是自我成長書籍、激勵產品、教練諮詢的主要客戶，他們發現自己也同樣受到壓榨。公司紛紛減少或刪除員工的退休金和健康福利，雅各・哈克（Jacob Hacker）在《風險大轉移：美國人的工作、家庭、醫療福利、退休福利都遭到攻擊了》（*The Great Risk Shift: The Assault on American Jobs, Families, Health Care and Retirement*）中就舉證說明這股趨勢。二〇〇〇年代中期的失業率雖低，但雇主為了在每季擠出更多獲利，無所不用其極，像是裁員、重整組織、外包工作，工作的任期因而越來越短。彼得・戈瑟林（Peter Gosselin）在《工作就像走高空鋼索：美國家庭財務不穩》（*High Wire: The Precarious Financial Lives of American Families*）中說明，以前無憂無慮的中產階級為何現在會因為「收入無常」而惴惴不安：大家深怕遭到裁員，更怕收入頓減、家庭失去健康保險或無法繼續支付開銷。在二〇〇六年出版的《失業白領的職場漂流》（*Bait and Switch: On the (Futile) Pursuit of the American Dream*）這本書中，我報導過這種令人腸胃翻攪、心煩意亂的處境。我發現受過教育、有工作經驗的白領勞工一下子失業，一下子做短期約聘工作，就這樣漫無目的地漂泊，最後可能和長期貧困的人一樣，做著低薪的服務工作。

不過並不是每個人都認為前途黯淡、生活受到壓榨。在一切貧困與不安的背面，是經濟極度優越的人不斷增加難以想像的龐大財富。就財富與收入而論，美國成了第一世界社會中最兩極化的，貧富對立甚至比一九二〇年代更嚴重。從一九七九年到二〇〇七年，上面百分之一的美國家庭，稅前所得占的比例增加了七個百分點，變成百分之十六；而底下百分之八十的家庭，所得占的比例則減少了七個百分點。大衛・萊昂哈特（David Leonhardt）在《紐約時報》上寫道：「這簡直就像底下百分之八十的每個家庭，每年都寫一張七千美元的支票，寄給上面百分之一的家庭。」[2]上面百分之一的家庭怎麼運用急速增加的財富呢？當然是投資高收益的標的。不過也會拿部分去消費，而且他們的消費能力可能連專賺不義之財的老一輩企業大亨看了都會瞠目結舌呢。他們搭里爾噴射機旅行，有多戶住宅，僱用無所不包的私人員工，甚至請人專門建議如何投資一流的葡萄酒和藝術品。商業雜誌《商業精選輯》（*Portfolio*）的作者在二〇〇八年回顧時驚嘆道：

> 住一晚三萬四千美元的飯店套房，在華爾街漢堡店（Wall Street Burger Shoppe）吃一客一百七十五美元的理察諾瓦金箔漢堡（gold-dusted Richard Nouveau hamburger），喝阿岡昆飯店（Algonquin Hotel）內一杯一萬美元的馬丁尼（酒杯中會放一顆珠寶商挑選的鑽石）：超級富翁的生活方式與工作習慣有多麼令人難以置信，這些闊氣的消費方式還只是冰山一角。全球各地越來越多這類暴取豪奪的超級富翁了。[3]

一九二〇年代貧富嚴重兩極化，經濟大蕭條即將到來，當時美國有許多勞工組織者和激進分子痛斥有錢人揮霍無度、窮人苦不堪言。到了二十一世紀，有一批數量更多而且迥然不同的思想家卻宣揚著相反的訊息：社會雖然極度不公平，但是一切都很美好，因為人只要肯努力，生活就會變得非常美好。就業市場不停劇烈動盪，有人面臨破產，然而，激勵專家和正向思考宣傳家有好消息要告訴這些人：不論「改變」有多可怕，都要欣然接受，要把改變當成機會，好好把握。二〇〇四年，哈維・麥凱（Harvey Mackay）寫了本勵志書，上頭印著大膽的書名：《我們被炒魷魚了！這對我們來說再好不過了》（*We Got Fired!...And It's the Best Thing That Ever Happened to Us*）。這就如同我在這本書第四章所談的，雇主靠正向思考來安撫遭裁員的受害者，同時使生還者更加賣命。

正向思考家也不擔心經濟不平等，因為他們認為只要集中思緒，人人都能隨時快速致富。二〇〇八年總統大選期間，歐巴馬打算對年收入超過二十五萬美元的人增加課稅。俄亥俄州有名男子，名叫喬・沃茲巴赫（Joe Wurzelbach），綽號「水電工阿喬」，他因反對這項政見而名噪一時。他聲稱打算買下當時服務的那家水電公司，而且很快就會晉升到令人欣羨的階級了。不過後來發現他竟然是個無照的水電工，他服務的公司位於住宅區，裡頭只有兩人，根本不可能會受到增稅提議影響。但是，既然立志加入日趨增加的上層社會階級（像是平均年收入一千一百萬美元的執行長和擁有小島與遊艇的人），為何還怨恨他們呢？原因就是，美國人從原階級向上爬的機會，低於德國人、加拿大人、芬蘭人、法國人、瑞典人、挪威人、丹麥人。[4]不過儘管如此，人人都能快速致富的迷思依舊存在，而且還因為振奮人心的正面思考而加強了。二〇〇六年，布魯金斯研究院（Brookings Institution）有兩位研究員用略帶挖苦的語氣評論道：「為什麼美國人如此容忍不平等呢？我們經常聽到的解釋是，美國人堅信有機會往上爬。根據調查，多數美國人相信自己未來的收入會高於平均值，即使用簡單的算術就能證明那是不可能的。」[5]

很少人（包括經濟學家或其他專家）料到會出現金融風暴，畢竟美國經濟輕輕鬆鬆就從網路泡沫破滅和九一一事件的創傷中復原了，而且房價與股價飆漲，更將美國經濟帶到歷史新高。抱持樂觀主義的專家主導了各界的經濟評論，例如詹姆斯·格拉斯曼（James Glassman），他在一九九九年和人合著《道瓊指數三萬六千點：股市利多的賺錢新策略》（*Dow 36,000: The New Strategy for Profiting from the Coming Rise in the Stock Market*），獲得了《華盛頓郵報》的工作，擔任專欄作家，而且經常到新聞節目擔任來賓。整體經濟日益暢旺，因為房價不斷上漲，專家鼓勵民眾把房子當「提款機」來用（評論家總是這麼說），也就是辦理住宅權益貸款[1]來支付激增的消費支出。專家也相信，房價永遠不會被地心引力給吸下來。美國房地產協會（National Association of Realtors）的首席經濟專家大衛．樂瑞（David Lereah）在二〇〇六年出版了一本書，書名為《告訴你為何高漲的房市不會下跌，教你如何從中獲利》（*Why the Real Estate Boom Will Not Bust and How You Can Profit from It*），「在房市泡沫達到高峰的那幾年，他成了最受主要媒體讚揚的房市專家。」[6]房地美公司（Freddie Mac）的首席經濟專家法蘭克．諾沙夫（Frank Nothaft）向民眾保證，全國房價絕不會大跌。二〇〇八年年底，有位稀罕的悲觀主義經濟專家提出質疑，他就是《紐約時報》的專欄作家保羅．克魯曼。他問：「怎麼沒人看出來這整個做法其實就是大型老鼠會呢？」不過他這麼問只是要強調重點，不是真的不知道答案。他接著自己回答：「因為沒人喜歡當掃興的人嘛。」[7]

大家不顧後果地增加壞帳和高利貸，而會出現這樣的現象，專家幾乎一致的樂觀態度絕對難辭其咎；不過眾多美國百姓失控的樂觀想法也是禍首。羅伯．

1　譯註：住宅權益貸款是指借款人以其所擁有的「房屋權益」再次向金融機構貸款，屬於第二順位貸款。借款人一旦違約，第二順位債權人的求償順位排在第一順位債權人之後，因此第二順位債權人須承擔較高的風險。次級房貸即屬此類貸款。

萊克（Robert Reich）懷著矛盾的心情評論道：「我國之所以一直以來都善於發明、補漏、創新、實驗，原因之一就是國人把樂觀態度延伸運用到經濟上……但是，我們也因此明白為什麼國人會大肆揮霍、不懂儲蓄……寧願債台高築也要繼續花錢，這樣的做法和樂觀關係密切。」[8]就是在這種樂觀的風氣中，人們才會無憂無慮地增加信用卡債來支付非必要的消費，或借貸第二順位貸款[2]，或同意借用會隨時間增息的抵押貸款。正向思考的意識形態強烈激起這種樂觀態度，而這種樂觀則會讓人覺得獲得獎賞、享受福利是理所當然。《洛杉磯時報》有位記者寫出《秘密》對她妹妹造成的影響：「有一次我妹妹從紐約來度假，她到我家後，啪一聲把手工製作的小背包放到鋼琴椅上，說：『妳看，我幫自己變出了個漂亮的包包呢。』」《秘密》的DVD鼓勵她相信那個東西是她應得的，讓她相信輕而易舉就能獲得，於是她就用美國運通卡買下了。[9]

世俗的正向思考書籍鼓勵大家去「實現」物質渴望，而歐斯汀和杜祁福之流的牧師則堅稱神要人在生活中擁有一切美好事物，包括豪宅。在《活出美好》中，歐斯汀寫到，有一次妻子求他換間又大又「漂亮」的房子，他一開始反對：「接下來幾個月，她不停說著要堅持信念直到勝利，最後說動我了……要不是維多利亞說服我放大眼界，我肯定買不到那間房子。神也準備了好多東西要給各位喔。」[10]二〇〇八年，《時代雜誌》有篇文章的篇名為〈或許咱們該把次級房貸風暴怪到神身上〉(Maybe We Should Blame God for the Subprime Mortgage Mess)，充滿挑釁意味。文章中援引幾位美國宗教專家的猜疑，他們認為成功神學傳教士也是引發金融風暴的禍首。加州大學河濱分校的宗教學教授強納森・華頓(Jonathan Walton)認為，是歐斯汀之流的牧師要低收入的民眾放心去借次級房貸。例如，歐斯汀要民眾相信，「是神使銀行忽視了他的信用評等，使他幸運獲得了第一棟房子。」研究五旬節派的專家安西亞・巴特勒(Anthea Butler)補充說：「那位牧師雖然不會直接說：『快去美聯銀行(Wachovia)借錢吧。』但我聽過他說：『就算信用評等差，神還是會保佑你。只要相信神(也就是捐大筆錢給教會)，就能得到房子、車子、公寓。』」[11]凱文・菲利普斯(Kevin Phillips)認為，正向思考和次級房貸危機的關聯

2 譯註：借款人以抵押物向第一順位債權人借貸後，再以同一抵押物向第二順位債權人借貸，是為第二順位貸款。借款人一旦違約，第二順位債權人的求償順序排在第一順位債權人之後，因此第二順位債權人須承擔較高的風險。

一目了然。他在《金融大崩盤》（*Bad Money: Reckless Finance, Failed Politics, and the Global Crisis of American Capitalism*）一書中強烈抨擊歐斯汀、傑克斯（T.D.Jakes）和杜祁福這幾位成功神學傳教士以及《秘密》的作者拜恩。[12]

許多人長期以來在借貸時都會因種族和收入而遭拒，對這些人而言，二〇〇〇年代中期那種輕鬆的抵押貸款方式肯定是神賜的奇蹟。預知到房市泡沫會破滅的經濟學家寥若晨星，迪恩・貝克（Dean Baker）是其中之一。他表示，二〇〇六年，風險極高的次級房貸和準優級房貸（Alt-A mortage）[3]增加到抵押貸款總額的百分之四十了，辦理許多這類貸款，只需簡單的收入證明文件或支付低額的頭期款，有的甚至什麼都不用。[13]這也難怪一年內越來越多美國人深陷無法收拾的困境，家庭負債打破紀錄，高達家庭收入的一點三三倍，絕對金額高達十四兆美元左右。[14]光是二〇〇七年這一年，個人申請破產的案件就暴增了四成，沒料到浮動貸款利率會增加的人紛紛無法依約還款，經常趁夜深人靜偷偷搬家，以躲避鄰居的目光。[15]

不過會爆發金融危機，不全然是因為一般人容易上當和經常抱持樂觀態度。有人提供暗藏陷阱的抵押貸款給收入不穩的人，再把那些房貸債務包裝得漂漂亮亮，當成債券賣給全球的投資人，用這些手法來賺取暴利。誠如《華盛頓郵報》專欄作家史蒂芬・皮爾斯坦（Steven Pearlstein）所寫的：「每次發生經濟狂熱或金融狂熱，核心原因都是自欺症大肆流行，不僅單純天真的投資人遭到感染，許多絕頂聰明、經驗豐富、城府深沉的主管和銀行家也染上了。」[16]其實，貸與人比借款人魯莽多了，有些提供次級房貸的金融公司甚至放款到負債資產比高達三十比一。[17]別忘了，美國企業文化老早就屏棄了沉悶的理性專業管理，崇尚神祕主義、魅力、瞬間直覺所帶來的振奮情緒。美國企業付錢請激勵專家和彷彿得到神示的執行長來提振士氣。二〇〇〇年代中期，美國企業對成功的狂熱幻想達到了顛峰，蔓延到最高層級的領導人。

現下的管理人流行用非理性的思考方式，前雷曼兄弟投資公司的前總裁喬・葛瑞格利（Joe Gregory）就是範例。二〇〇八年《紐約雜誌》有篇文章報導，葛瑞格利為人熱情，但總是「令人摸不透」。他也是個很棒的高爾夫球球友，自稱「感覺大師」。這些大家都知道。他討厭乏味的詳細風險分析，有位雷曼的主管說：

3 譯註：準優級房貸是指房貸借款人的信用分數中等，介於優級房貸與次級房貸之間。

「他是直覺先生。」葛瑞格利對一群人演說時曾說：「就算合理分析後發現結果與直覺相悖，也要相信直覺，相信判斷，相信自己……若相信自己，做出來的決策就會具有強大的力量。」一位分析師說，有時葛瑞格利的直覺會使雷曼決定做與分析結果完全相反的事。[18]

大眾普遍認同正向思考，但我在二〇〇八年四月訪問到一位異議分子。艾瑞克．迪森賀（Eric Dezenhall）是華盛頓特區的「危機管理員」，企業發現可能出現公關災難時就會向他求援。他身材矮小、個性率直熱情，曾在雷根的政府中實習，十分了解共和黨的運作方式。他經常與客戶意見相左。他說：「企業界的人大多不想聽我的諫言。」他還說，講出壞消息可是會「丟了工作」。不論情況多危急，「美國企業界都拚命相信會出現正向結果與好消息」。企業請他去處理危機時，一開始他會告訴對方：「我現在要說的，各位不會喜歡聽——危機絕**不是**轉機。」我問他，企業決策者是否相信「吸引力法則」，或者相信人能用思想控制世界。他回答說：「這種思考方式是美國企業界的『病毒』，他們相信這一套。企業在賺錢時心狠手辣，但是談到注重現實層面時就得過且過了……」

連以前冷靜審慎的金融界也對正向思考「病毒」沒有免疫能力，金融公司也僱用起羅賓斯之類的激勵講師和教練。二〇〇八年，羅賓斯向賴瑞金誇耀，說自己「曾指導一位全球排名前十名的金融交易員十六年，目前擔任幾位交易員的顧問，其中不乏絕頂聰明的人」。[19] 有些金融公司甚至自己培養激勵講師，例如大受歡迎的克里斯．加德納（Chris Gardner）。他在《當幸福來敲門》（*The Pursuit of Happyness*）中，自述如何從無家可歸的人，爬升到貝爾斯登公司（Bear Stearns）中收入最高的員工，這本書不只熱賣，還拍成好萊塢電影。另一位激勵講師查克．米爾斯（Chuck Mills）在貝爾斯登公司待了幾年，擔任交易員，負責管理三億美元的投資組合，後來自己創立金融服務公司和演講公司。金融界深陷樂觀之中，因此，二〇〇八年危機爆發時，美林證券公司突然發現，「有員工還是盲目樂觀，不得不叫他們收斂一點」，並且強迫分析師偶爾建議「賣出」。[4][20]

或者，咱們來看看生意手法邪門歪道的全國抵押貸款公司（Countrywide Mortgage）。全球信用風暴之前的次級房貸危機，可以說全是這家公司的草率貸款

4 譯註：分析師會給予投資標各種評等，像是「買進」、「持有」、「賣出」，供投資人參考。若分析師建議賣出，表示不看好該投資標的。

做法引發的。二〇〇四年，全國抵押貸款公司的執行長是安吉羅・莫茲羅（Angelo Mozilo）。他亮橘色的臉蛋上無時無刻都掛著笑容，曾獲頒白手起家獎（Horatio Alger Award），表揚他「出身貧寒，但卻證明了勤奮努力、意志堅定、正向思考是成功實現美國夢想的關鍵」。[21]二〇〇八年初，就算公司股價重挫，他在媒體上始終「樂觀開朗」。哥倫比亞商學院的金融學教授布魯斯・格林沃德（Bruce C. N. Greenwald）談到莫茲羅時說：「會給自己惹麻煩的人總是善於催眠自己，這就是為什麼他們能成為優秀的推銷員，他們會說服自己相信故事……在他生活的世界中，長期以來都沒發生違約事件，他相信永遠不會發生。」[22]

數年來該公司熱情放款，在那段期間，公司上上下下也普遍相信這種樂觀的想法。亞當・邁克爾森（Adam Michaelson）寫了一本書，和盤托出擔任全國抵押貸款公司副總裁時所知道的內幕，描述公司內「出現類似狂熱崇拜的行為」。他說公司的特色就是「哇」文化，除了經常邀請激勵講師演講，在公司裡老是可以看到人互相擊掌、聽見有人大聲歡呼「哇！」。二〇〇四年，他質疑房價是否真的會永無休止地上漲，結果得到的回答卻是：「你知道你的問題在哪嗎？你太杞人憂天了。」就連次級房貸市場向內引爆時，「哇」文化依舊盛行。他這麼寫道：「在這種時候，發表負向評論或提出審慎評估可能會立刻遭排擠。當時大家狂熱地空談妄想，在那種環境中，不順應眾意是非常危險的。」[23]有趣的是，在把全國抵押貸款公司列為客戶的激勵講師中，我發現通天鄉巴佬（Buford P. Fuddwhacker）也是其中之一。他的真正身分是激勵講師羅傑・李斯（Roger Reece），通天鄉巴佬是羅傑・李斯裝扮出來的虛構人物。網站上這麼介紹通天鄉巴佬：「他是純樸熱情的激勵講師，一站上講台就化身為活力四射、熱情奔放、鼓舞人心的鄉村傳教士。請通天鄉巴佬去演講時，務必準備好面對音樂、笑聲、卡祖笛、伴唱機和暴動的聽眾。」

商業作家麥可・路易士（Michael Lewis）寫了篇出色的文章，篇名為〈華爾街繁華不再〉（The End of Wall Street's Boom），讓人一窺正向思考如何變成毒害華爾街的毒藥。他找出幾位早就料到這場災難的圈內人，而且如我所料，有些他找到的人幾年來都承受著壓力，被迫改善態度。瑞士信貸集團的分析師艾薇・澤曼（Ivy Zelman）早就預見房市泡沫會破滅，「她的悲觀態度疏遠了客戶，但她無法假裝一切都很好」。另一位分析師兼銀行業專家史帝夫・艾斯曼（Steve Eisman）給一家公司「賣出」的評等，結果招致批評。路易士引述艾斯曼的這段話：「真是胡扯。

我現在才知道不能給公司賣出評等。我還以為在買入、持有、賣出這三個方格中選個認為對的就好了。」換句話說，艾斯曼是理性企業管理時代的遺臣。在理性的時代，中階員工不是只負責哄騙奉承上層的人就好了。路易士說，艾斯曼「經常遭到施壓，被迫樂觀。不過樂觀不是艾斯曼的作風，他和樂觀勢不兩立」。[24]路易士的文章刊出兩個星期後，我打電話去和艾斯曼聊聊。他說金融業「是根據假設來提出假設的」，那些作為根據的假設包括「房價永遠不會跌」、「沒有人找得到理由來質疑那些假設」。他告訴我：「整個產業籠罩在瘋狂的氛圍中，但是你最好保持緘默，理由很簡單，說出負向評論的人會被攆出去。」

麥克・葛班（Mike Gelband）就是為了提醒金融業注重現實而犧牲的烈士，他是雷曼的全球固定收益業務主管。二〇〇六年年底，他認為房地產日趨泡沫化，因而感到不安，在二〇〇六年的獎金審核報告中告訴雷曼的執行長理察・福德（Richard Fuld）：「世界正在改變，我們得重新思考經營模式才行。」福德二話不說就叫這個不適任的人捲鋪蓋走路。兩年後雷曼就破產了。根據《紐約雜誌》的報導，到二〇〇八年年底，福德還是沒搞懂葛班當初想點醒他的癥結：

福德夜夜難以成眠。他有五棟房子，大部分的時間住在康乃迪克州格林威治市的那棟房子。那棟房子有二十間房間、八間臥房、游泳池、網球場、壁球場，他可以在裡頭閒逛。不過他大多坐著，在腦海中重播雷曼的悲慘結局，思索著：「若重來一次，我該怎麼做才能改變結局呢？」他納悶著：「這一切怎麼會那麼慘呢？」[25]

或者我們也可以引阿曼多・佛康（Armando Falcon）的例子為證。他是政府官員，負責監督房利美（Fannie Mae）公司和房地美公司。二〇〇三年，他提出報告警告大家，那兩家大型貸款公司的財務狀況極度危險，可能會造成「流動資金不足的情況在市場蔓延」，換句話說就是會造成整體金融崩盤。白宮聽到這種說法後，便想辦法要把他解職。[26]

像福德這類失敗巨人的態度到底來自哪些正向思考家（例如建議大家除去「負向者」的教練或激勵專家）？要追出答案實在難如登天，因為高階主管或多或少都會隱匿自己聘用教練。例如在英國，根據估計，在二〇〇七年，英國富時一百指數公司（FTSE 100 Index）的執行長中，有三分之一聘用個人教練。不過週刊雜誌《旁觀者》（*The Spectator*）的作家評論道：「高層企業人士依舊認為請教練是私事，絕對不能公開。」[27] 像福德這種龍頭老大，可能用不著有人在耳邊低語，告訴他只要專注思考就能心想事成。從二〇〇〇年到二〇〇八年，他每年的平均酬勞是六千萬美元，他甚至用不著專心去想，這就已經在他的生活中實現了。

不論金融業還是其他產業，企業領袖都生活在閃閃發光的財富泡沫中，高高在上，與別人憂心和關心的事距離遙遠。執行長與一般員工的薪資比，在一九六五年為二十四比一，二〇〇〇年暴增到三百比一，而且執行長與其第三順位下屬的差距也加大了。[28] 在《歡迎光臨富豪國》（*Richistan: A Journey through the American Wealth Boom and the Lives of the New Rich*）一書中，羅伯．法蘭克（Robert Frank）舉證說明了頂層人士的財富多麼令人難以置信。比如說，有人回到佛州棕櫚灘的宅邸時發現，拉圖酒莊（Château Latour）的頂級葡萄酒放在紐約州南安普敦的酒窖忘了帶，於是便派私人噴射機去拿。[29] 就拿傑克．威爾許的例子來看好了，我們上一次談到他是在第四章，說他裁減了中產階級的工作。他從奇異退休後，每月收入兩百一十萬美元，還可以使用公司提供的一架波音七三七、一棟每月租金八萬美元的曼哈頓公寓，此外，他的每棟宅邸都有免費的警衛。[30] 他退休後有一次到倫敦，根據《獨立報》（*Independent*）的報導：「他下榻蘭斯伯瑞酒店（Lanesborough Hotel）的頂級套房，從那裡能俯瞰海德公園。幾位穿著深色西裝、別著奇異公司領章的保鏢站在附近，一臉凶神惡煞的樣子。有一、兩個保鏢帶著耳機，捲曲的電線向下延伸到脖子後側，活像保護總統的聯邦調查局探員。」[31]

顯而易見，這種生活方式得付出的代價就是完全受到孤立，迪森賀稱之為「泡泡病」（bubble-itis）。上司患這種病後，下屬會變得「極度渴望報告好消息」，不願誠實稟報。有位家財萬貫的執行長聽到這種說法後，向迪森賀抱怨說：「原來我是全世界最常聽見謊言的人啊。」當然，迪森賀不能舉客戶的例子，不過他舉了《全面反擊》（*Michael Clayton*）這部電影來說明。在這部電影中，蒂妲．史雲頓（Tilda Swinton）飾演的角色寧可找人謀殺告密者，也不願告訴老闆情況越來越糟。此外，倒閉的雷曼兄弟公司也是值得研究的個案。根據《紐約雜誌》的報導，到二〇〇八年夏天時：

> 雷曼兄弟與外界脫鉤，情況岌岌可危。一位前主管說：「整個環境徹底與世隔絕。」雖然是執行長福德批准決策的，但總裁葛瑞格利總會篩選資料，讓

大家明確知道如何抉擇。而且執行委員會根本無力抗衡。事實上，公司內外的樂觀氣氛從沒停過，這種氣氛會產生益處，也可能產生同樣程度的害處。[32]

接著，我們來看看被隔絕在無限奢華的世界，會對人產生什麼影響。福德有五棟房子。葛瑞格利也有好幾棟房子，分散在長島各地，每天從其中一棟房子搭直升機通勤上班。[33]迪森賀與人合著過一本談論危機管理的書，書上寫道：「這裡的問題出在，一個人若成天搭灣流五型飛機與大型豪華轎車、參加餐會、住四星級飯店，那他就是活在不斷加強變大的人造泡泡中，聽不到批評。他成了宛如神一般的英雄，成天聽著令人心安的陳腔濫調，聽不到現實生活中的爭執。」[34]而且，搭乘飛在三萬英尺高的灣流噴射機，絕對看不見一般人窘迫的生活，比如貸款債權人無法順利依約收回借款；小孩子生病得支付醫藥費，而且沒辦法工作，損失了幾天的工資；或是昂貴的車子故障了；或是突然遭裁員。

對於造成市場崩盤的那些主管，艾斯曼在批評他們的心態時更為嚴厲，他稱之為「避險基金病」，而且說：「真該把這病收錄到《精神疾病診斷與統計手冊第五版》（這是最新的精神疾病手冊，目前還在編製中）。以前只有國王和獨裁者會得這種病，症狀就是妄自尊大、極度自戀、極度以自我為中心。」他問：「若你的身價是五億美元，那你怎麼會錯呢？只要心想，就會事成，你是神啊。」這就是所有正向思考家所提倡的心態，從愛迪到歐斯汀，從皮爾到拜恩。企業頭頭長久以來也都建議下屬要培養這種心態，不過可能是出於自私的盤算。他們會發送激勵書籍、聘請激勵講師、鼓勵員工去觀想成功，更重要的是，工作認真點，抱怨少一點。問題是，他們自己漸漸也信了。最後結果就是，短時間內價值三兆美元的退休基金、退休帳戶、畢生積蓄，都蒸發到吸收一切正向想法的那個太空了。

二〇〇八年經濟瓦解時，評論家都在問：「大人跑哪去了？」管理人、監控人、穆迪投資公司（Moody's）之類的評等機構，都跑哪去啦？他們不是應該審慎評估投資風險嗎？關於這一點，我們現在知道了，評等機構早就被他們應該評鑑的公司給收買了，甚至還走上邪路向那些公司拿錢。[35] 公部門跟準公部門則深信樂觀的信條，也就是市場基本教義，認為市場會自己修正錯誤，不需累贅的法規。擔任聯邦準備理事會主席到二〇〇六年的艾倫·葛林斯潘（Alan Greenspan）

就深信這樣的信條。二〇〇五年他洋洋得意地說：「過去二十年美國經濟表現令人嘆為觀止，這明確證明了增加市場彈性的優點。」這裡的「彈性」就是指免受法規與煩人的貿易工會約束。三年後，他不得不承認犯下可恥的錯誤。大家都知道，他在國會委員會坦承：「我們當初竟然指望自私自利的借貸機構會保護股東的股票，現在我們實在既驚訝又難以置信。」[36]

再者，市場基本教義不就是過度的正向思考嗎？盛行於布希政府的意識形態認為，根本沒必要去警戒或憂心美國的金融機構，因為「市場」會解決一切問題；前朝的柯林頓政府也是如此，只不過情況比較輕微。市場的地位跟神一樣，像極了愛迪所描述的宇宙，不但慈愛，還會不斷供給養分、滿足一切需求。若真如亞當．斯密所言，「看不見的手」會解決市場的一切問題，那大家幹嘛還擔心呢？

二〇〇〇年代末期，瞬間致富的美夢突然破滅了，失去房子贖回權的屋主趁夜偷溜了，但正向思考的宣揚者並沒溜。他們不僅沒偷溜，反而更加努力。正向思考似乎總是能在逆境中茁壯，比如說經濟大蕭條反而造就了教人自欺的經典著作，像是希爾的《思考致富》。二〇〇八年年底，金融風暴引發經濟全面衰退與大規模失業，評論家越來越常質疑資本主義到底能撐多久，此時，參加福音派教會的人卻遽增，其中也包括宣揚成功神學的教會。[37] 約爾和維多利亞．歐斯汀這對夫妻，開始到全國性的媒體傳播勝利與信念的福音。他們接受賴瑞金訪問時，建議失去工作、房子、健康保險的人不要自認為「受害者」：「各位要知道，就算丟了工作，神還是有法子。就算一扇窗關了，神還是可以打開另一扇窗。」「激勵大會公司」也宣布要舉辦一系列新的研討會，主講人有前紐約市長魯道夫．朱利安尼（Rudolph Giuliani）、蕭律柏和經驗老道的激勵專家金克拉。有家演講經紀公司表示，二〇〇七年貸款業衰退，於是激勵講師的需求量增加了百分之二十。[38]

雇主向激勵產業求援的理由很尋常，還不就是為了使士氣低落的員工維持紀律。例如諾和諾德製藥公司就向激勵講師艾德．布朗特（Ed Blunt）買了七百片「正向力量」CD，作為「增加員工生產力的催化劑」。[39] 二〇〇八年十一月底，「追求快樂公司」（Happiness and Its Causes）的大會吸引了數百人參加，一位大型貸款公司的副總裁也參加了。根據《紐約時報》的報導，這位副總裁說，「過去六個月，她裁掉了超過五百名員工。員工現在不僅週末與假日得加班，紅利也減半了。她參加那場大會是要學習如何提振員工士氣……她還補充解釋，會發生貸款危機，並非全都是她們那種公司的錯。」[40]激勵演講是要說給萎靡不振的員工聽的，有的內容空洞樂觀，就像歐斯汀的演講一樣；有的內容則非常刺耳。例如有位激勵講師在佛州聖彼得堡市舉辦的企業大會中說，每當有人寫信告訴她：「我心情好差，無法在工作時裝出開心的樣子。」她就會回答：「一定要想辦法裝出來。」至於若在職場遭遇「改變」（通常指遭到裁員），她的建議是：「想辦法處理啊，都幾歲了還跟小孩子一樣。」[41]

隨著真正的工作不斷消失，正向思考家奉勸大家全力在自己身上下功夫，像是監控想法、調整情緒、全心專注於欲望。他們用盡了所有尋常的祕方：趕走負向的人；不要去「辦公室的飲水機參加抱怨大會」[42]；儘量不要去聽負向消息。就連自由派的新聞網站《赫芬頓郵報》（*Huffington Post*）上，也有部落客建議：「有研究顯示，深夜少看新聞有助於睡眠。應該把心思專注在愉悅正向的事情上。」[43]有一則正向思考研討會的廣告，目標同時鎖定管理者以及「失去動力與感覺徒勞無功的一般人」，那則廣告說，最重要的是，要隨時保持警戒，學習「如何發現偷溜進腦子裡的負向想法」。羅賓斯在《今日秀》（*Today Show*）中要觀眾切記，就算發生天大的災難，最後通常還是會出現勝利者。為了讓觀眾放寬心，他舉了坦伯頓爵士的例子，表示坦伯頓是「史上最偉大的投資家，大部分的財富都是在市場崩盤時賺的」。[44]經濟崩盤或衰退時，只要有一個人能致富，那麼就沒人有藉口怨天尤人。

有人認為，正向思考不僅可以解救個人脫離困境，還能平穩經濟動亂。他們認為，經濟衰退不就是悲觀大規模爆發嗎？《芝加哥論壇報》（*Chicago Tribune*）有篇專欄主張：「經濟從跛腳變成悽慘，甚至可能從衰退變成蕭條。我們會淪落到現在的地步，禍首就是有人老是提出超出現況、沒有必要的惡言批評。」怎麼解決呢？這篇專欄認為：「別再惡言批評了。就算別人指責你盲目樂觀、天真或是更惡毒的話，都別去理會……要對前景感到欣喜。要去了解，不論取得多少資金，其實都能全數投入經濟中。不過我們自己得懷抱信任與信心來期待結果，否則將徒勞無功。」[45]有位理財專員專門幫我處理不斷縮水的退休帳戶，他也曾滿心企盼地提出類似的建議：「只要大家願意再上街去買東西就行了……。」亞當・斯密認為，個人追求私利的行為能促進全人類的福祉。可是在我寫這本書的當下，這個觀念似乎行不通了。身為小老百姓的我們都知道，為了滿足貪得無厭的欲望而繼續高築債台是在自取滅亡，就算能促進經濟，我們也不該那麼做。我們應該堅定立場，不屈服於壓力，知足常樂。輕鬆借錢的時代結束了，此刻看來，不顧後果隨便花錢比較可能會毀了自己。再者，我們試過那種恣意揮霍的做法了。

第八章

關於後正向思考的一點補充

Postscript on Post-Positive Thinking

若不能抱持正向態度，那該抱持什麼態度呢？資深報社編輯班．布萊德利（Ben Bradlee）最近寫道：「我的確相信正向思考的力量，我不知道還有別的方式可活。」[1]在這條黃磚道[1]上走了那麼遠後，我們不僅認為「正向態度」是正常的，甚至是圭臬，也就是說我們應該抱持正向態度。有家餐廳離我的住所不遠，店名是「正向披薩麵食店」，這店名顯然讓它有別於許多沉悶負向的義大利餐廳。我認為職場中的正向思考問題重重，這可把一位資深的人力資源主管給搞糊塗了，於是他態度猶豫地大膽提問：「正向不好嗎？」他說的沒錯，現在「正向」和「好」這兩個詞彙幾乎可以互相替換使用了。在這個道德

1 譯註：黃磚道是《綠野仙蹤》裡通往奧茲國翡翠城的道路，用來比喻實現夢想的道路。

體制中，人得去看光明面，不斷調整心態、修正觀點，不然就會陷入黑暗面。

然而，取代正向思考的做法並非絕望。其實負向思考和正向思考同樣會使人產生錯覺。憂鬱的人會認為世界和自己一樣悲慘，預料每次努力都會出現最糟的結果，然後這些扭曲的預想就會加深痛苦。不論是正向或負向思考，都會使人在觀察時無法擺脫情緒，使人寧願把錯覺當成現實。正向思考會讓人「感覺美好」，而負向思考則會讓憂鬱的人習於緩慢、迂迴的神經傳導路徑。取代這兩種思考的做法就是，想辦法擺脫自己的想法，觀察事物的「原貌」，儘量不要讓自己的感覺與幻想對事實加油添醋，去了解世界同時充滿危險與機會：人有機會幸福美滿，但也終將一死。

要做到這樣並不容易。我們的看法不只會被自己的心情影響，還會受到周遭人的心情影響。況且我們觀察到的證據是否可靠，這個問題永遠存在。一般而言，徵詢別人的看法是有幫助的，因為我們的看法可能是錯的，不管是判斷有沒有潛伏獵食的美洲豹逼近，或可不可能爆發金融風暴，收集越多資訊越好。這就是科學的做法：彙整許多人縝密觀察的結果後，對世界寫下暫時性的紀錄，當然，新的觀察結果出現後，紀錄會隨之修改。

不過，不管是四十個史前時代的人，還是總統的國家安全顧問小組，或是美國心理學協會，一群人的觀察結果也不一定完全可靠。不管一群人有多麼聰明伶俐、博學多聞，都可能集體陷入錯覺、狂熱、短暫盛行的知識潮流，或近幾十年發現的「團體迷思」。現在似乎有一種矛盾的演化現象：人遭遇多重威脅時能否存活，端看能不能組成團體生活；可是要維持團體凝聚力，有時必須不顧現實和常理，這會使人不願去質疑團體共識，或不願去提出壞消息。所以呢，徵詢過他人的看法後，每個人還是有責任盡力審慎研究接收到的資訊，決定哪些事值得堅持。要做到這樣，得像伽利略一樣勇敢、像達爾文或佛洛伊德一樣破除迷信、像兇殺案警探一樣認真細心。

我們討論的不只關乎世界知識，也關乎每個人以及全人類如何存活。從古至今，人類之所以能發明用來滿足欲望與自我防衛的一切基本技術，全因為堅守腳踏實地的經驗法則。你不能因為感覺到好兆頭，加上有人用怪力亂神的理論信口保證，就假設箭能射穿北美野牛的皮，或竹筏浮得起來；你必須去確定事實到底為何。史前時代的人得小心研究自然界和當中的物質，像是石頭、黏土、植物纖維、動物肌腱，接著用嘗試錯誤法來實驗，直到發現物質的實際效用。當然，人類從出現在地球後，也一直受到各種迷信、神祕異象、集體錯覺影響，不過我們是靠綁出強韌的繩結、搭蓋穩固的遮蔽處和船隻、製作尖銳的矛頭，才能四散到非洲的廣大土地，再從非洲散布到世界各地，發展到現在的樣子。

人類智慧雖然發展得不盡理想，但能發展到現在的樣子，終究是因為我們長久以來努力看清事物的「原貌」，或用我們普遍能理解的方式來解讀事物，我們並不會把事物看成個人情緒投射出來的結果。打雷不是天空在發脾氣，疾病不是天譴，不是所有死亡或意外都是巫術造成的。我們所稱的啟蒙運動，就是像緩緩出現的曙光一樣，一步一步慢慢去了解，世界其實是依自己內部的因果法則與機率法則在發展，跟人類的感覺毫不相關。不過我們現在卻視啟蒙運動的成果如敝屣。

我知道，經過數十年正向思考後，注重現實和看清事物原貌的這類想法，可能讓人覺得有點古怪。不過就連美國這個正向思考的心臟地帶，也有頑固的現實派，在這些充斥妄想的年代堅持到底。遇到事關重大、極度危險的情況，我們依舊會向可靠的人求援，以了解風險，準備因應最糟的情況。一國之君不會想聽到戰場上的將軍說他「希望」明天能打勝仗，或說他「正在觀想勝利」。君王要的是規畫完善的人，包括可能發生什麼嚴重的情況、萬一得撤退該以哪裡為撤退陣地。就連極度樂觀的雷根總統在和蘇聯周旋時也訴諸現實主義，不斷重複說著「雖然信任，但要確認」這句口號。雜誌編輯會請查核員確認作者的描述是否可靠；飛行員要能預先同時考慮到引擎熄火和安全降落這兩種情況。

不論多麼堅決要保持樂觀，其實所有人在日常生活中都靠心理學家茱莉・諾蘭（Julie Norem）所稱的「防禦性悲觀」（defensive pessimism）來過日子。[2]不只飛行員得去預想最糟的情況，開車的人也要。開車的人應該以正向態度來假設沒有人會切到前方呢？還是該抱持負向想法，隨時準備踩煞車呢？大部分的人寧可選擇研究最糟會發生什麼情況的醫師，也不要選擇以快速提出樂觀診斷聞名的醫師。至於男歡女愛這方面也是，一般人會建議要心存一定程度的負向想法和懷疑。有人可能會為了吸引到男朋友，設法抱持全然「正向」的看法，不過我還是建議這種人到谷歌搜尋一下目標男子的資料。若有讀者寫信給諮商專欄作家，請教懷疑配偶不貞時該怎麼辦，專欄作家不會建議讀者別去理會警訊，要正向思考；他們會建議讀者公開面對問題。

照顧小孩是最基本、最常見的工作之一，但做起來卻必須戒慎恐懼。若去假設青少年值得信賴，會小心開車、會避免不安全的性行為，這樣不僅不智，甚至是怠忽職責。對謹慎的照顧者而言，世界就像地雷區，處處潛藏危機，隨時可能發生災難，像是嬰兒可能會誤吞的塑膠玩具小零件、受到汙染或不健康的食物、超速的駕駛人、專門性侵男童的歹徒、惡犬。雖然父母有時會抱持「正向」想法，例如帶孩子去看小兒科醫師時告訴自己，這樣孩子就有機會去候診室玩好玩的玩具，不去想孩子得挨針、受皮肉痛。不過要是嬰兒房內突然鴉雀無聲，父母絕不敢冒險假設嬰兒是在和小愛因斯坦一起讀書，而是會猜想嬰兒是不是被兄弟姊妹不小心勒死了，或把叉子插到電源插座裡了。這就是我們複製基因的方式。

孩子長大後，若家長負擔得起，就送孩子去讀大學。儘管最近大學裡有關「快樂」與「正向心理學」的課程激增，但讀大學的目的並不是學習正向思考，而是學習**批判**思考，因為批判思考鼓勵人去懷疑。在優秀大學，成績優秀、成就卓越的學生都是會提出犀利問題的學生，就算教授聽到問題的當下可能會坐立難安，他們還是勇於提問。不論主修文學或工程，研究生要有能力質疑權威專家，反對同學的看法，捍衛新穎的觀點。這麼做不是因為學者重視有利於學術發展的「逆向思考」，而是因為學者知道，社會需要有人去做正向思考大師警告大家別做的事，像是「過度理性分析」和提出艱深的問題。有些受過高等教育的專業人士就不敢冒險在日常工作中以正向思考作為慰藉，醫師就是其中之一。本身也是作家的外科醫師葛文德（Atul Gawande）曾寫道：「不論是在對抗癌症、弭平暴動，還是解決工作上的棘手問題，大家普遍認為正向思考是成功的關鍵，甚至有人認為正向思考是成功的祕密。但我認為關鍵其實是負向思考，也就是去尋找哪裡會失敗，有時甚至得預料會失敗。」[3]

人類與所有動物求生時，都不能沒有具備「防禦性悲觀」的現實感。觀察一下野生生物，各位肯定會心生佩服，尤其是牠們的警覺性更是令人肅然起敬。鸕鶿永不止息地掃視水面，注意突然濺起的水花。鹿則會把頭豎直，聆聽忽然出現的聲響，同時抬起一隻腳準備拔腿逃命。從猴子到鳥類，有許多動物為了加強個別的警戒能力，會過著團體生活，如此一來，若有入侵者逼近，不僅有許多眼睛可以警戒，還有許多聲音可以發出警報。正向思考竭力主張人要專注於快樂的結果，不要去想潛藏的危險，這麼做違反人類最根本的直覺；和人類一樣有這種直覺的，不只有其他的靈長類與哺乳類，爬蟲類、昆蟲和魚類也都有。

正向思想家的基本論點是，世界沒有像我們以前想的那樣危險，或者至少現在的世界已經沒有危險了。瑪麗・貝格・愛迪抱持這樣的看法：在這個宇宙，博愛的神會讓人人「有求必應、富裕滿足」；犯錯、罪惡、疾病、貧困都是心靈引起的「錯誤」，當心靈和慷慨博愛的宇宙無法產生共振時，就會引發這些錯誤。一百年後，正向心理學的開山鼻祖馬汀・塞利格曼說，焦慮和悲觀是舊石器時代的遺跡，當時祖先遇到掠食動物、水災、饑荒，就得倉皇逃命，不過這些遺跡現在已經沒用了。而且，套一句他說的話，今日「有大量的商品與服務」，能滿足需求，因此大家終於可以卸下心防了。若還有人不滿，愛迪肯定會說，那是一種錯誤，不過用正確的自我成長技巧和練習培養樂觀態度就能加以矯正。

但是人類的前景真的隨時間不斷在改善嗎？就活在平和環境的富人看來，確實如此，但是整個環境其實還是和以前一樣危險。就連有些想法極度正向的福音派牧師最近也承認，全球暖化確實構成了威脅。不再只有少數環保狂熱分子關注全球石油供應量可能已經達到顛峰；「浩劫預言家」越來越受重視了。觸目所及，森林不斷減少、沙漠不斷擴大、動物種類與數量不斷減少、海平面不斷升高、海中能吃的魚不斷減少。

過去二十年，冰山下沉，債台升高，正向思考的輿論盛行，提出異議的人遭到孤立、奚落，也有人力勸他們別冥頑不靈地堅持負向想法。在美國，一談到貧困之類的棘手問題，就會遭斥為是在否定美國的偉大；一抱怨經濟不平等，就會遭嘲笑是自作自受的受害者在「發牢騷」。

大家容易以為正向思考是美國人獨有的天真特質，不過事實上正向思考既不是美國人獨有，也不是討人喜愛的天真特質。在世界各地一些與美國截然不同的環境中，甚至有人以正向思考為政治壓迫手段。我們經常以為暴君是用恐懼來統治人民，像是讓人害怕祕密警察，害怕遭到嚴刑拷打、拘留、勞改。不過世界上也有暴虐無道的獨裁政權會要求人民不斷保持樂觀開朗。瑞薩德・卡普欽斯基（Ryszard Kapuscinski）寫了《伊朗王中的伊朗王》（*Shah of Shahs*）這本書，主要是在描寫一名伊朗國王統治下的人民生活狀況，最後這名國王統治到一九七九年革命爆發。他在書中說了一位翻譯員的故事。那名翻譯員費了一番苦心，終於讓一首詩得以刊載，那首中有這麼一句煽動民心的句子：「今夜是史上最黑暗的一夜，此刻是令人哀傷的一刻。」那首詩通過審查，翻譯員為此得意揚揚，說：

「在這個凡事都得要能激起樂觀的態度、振奮的心情、燦爛的笑容的國家，突然之間卻出現『令人哀傷的一刻』！你能想像嗎？」[4]

大家通常不會認為蘇維埃式的共產主義是令人歡欣的制度，但它卻是用正向思考來控制社會的範例。二十一世紀初，杜布拉芙卡．烏格雷希奇（Dubravka Ugresic）在評論前南斯拉夫時寫道：「以前的共產主義分子，現代的資本主義分子、民族主義分子、宗教狂熱分子，全都注意到了西方傳來的正向新風潮，全都成了樂觀主義分子。」她繼續寫道：「但這也不是什麼新鮮事，樂觀主義在南斯拉夫的意識形態史中早就留下了汙點……若要說有什麼意識形態沒被史達林主義消滅，那肯定是史達林主義者所要求的樂觀主義了。」[5]在蘇俄、東歐國家和北韓，審查人員規定藝術品、書籍、電影必須使人樂觀，也就是說，作品中必須有樂觀的主角，情節必須是在描述如何完成生產配額，結局必須使人看見光榮革命的美好未來。捷克斯洛伐克的文學充滿「盲目的樂觀主義」，北韓的短篇故事依舊大肆宣揚「要持續抱持樂觀態度」。在蘇俄則是這樣的：「若遭指控缺乏歷史樂觀主義，就表示你扭曲事實或傳達不實言論，悲觀和意識形態搖擺不定也是同樣的罪名……社會主義需要歷史樂觀主義和正向的英雄，因此在諸多爭論中，大家都認為應該禁止出現離群獨居、孤單寂寞的英雄。」[6]

負向思考會受到嚴厲處罰。不保持正向樂觀的人就是「失敗主義者」。烏格雷希奇這麼描寫蘇聯：「**失敗主義者**得為心存失敗主義這項罪行付出代價。遭指控**散布失敗主義**的人得到古拉格勞改數年。」[7] 捷克作家米蘭・昆德拉一九六八年出版的小說《玩笑》（*The Joke*）中，有個角色寄了張明信片，上頭寫著「樂觀是民族的鴉片」這麼一行字，這個角色因此遭指責為民族公敵，被判處到煤礦場勞改。昆德拉自己也因為寫《玩笑》受到處罰，遭共產黨開除黨籍，他的作品不僅不能收藏在圖書館，也不能在書店販售。此外，政府也禁止他到西方旅行。

美國的正向思考宣揚者若發現自己竟然在一本書裡被人拿來與史達林主義的審查員與宣傳者相提並論，無疑會驚駭萬分。畢竟美國人是讚揚個人成就的，和共產主義的理想不同，況且不聽正向思考教誨的人也不會被拖去勞改營。不過就連美國也有正向思考宣揚者對正向思考的定位微感不安，認為正向思考是一種心理修練，利用自我肯定、觀想、集中思緒來自我催眠。坦伯頓爵士在一本自我成長書中給讀者這樣的忠告：「不要因為讀了喬治・歐威爾的《一九八四》，就把思想控制想成是用來壓迫人的手段，應該把它想成正向力量，能讓人的心靈更明澈、更清楚方向、更有效力。」[8]

在美國推廣正向思考有個重要優勢，那就是人們會強迫自己接受正向思考。史達林主義的政權得使用學校與祕密警察等國家機關來強迫人們樂觀；資本主義的民主政體則把這個工作丟給市場來做。我們提過了，在西方，領頭的正向思考推廣人是企業家，他們有法子把演講、書籍、DVD推銷給願意購買的人。雖然大企業可能會逼員工聽演講、建議員工讀書、開除堅持抱持「負向態度」的人，不過要不要接受正向思考、努力調整態度、改善自己，最終還是由個人決定。現在激勵產品熱賣，歐普拉與歐斯汀之流的人大受歡迎，由此看來，許多美國人都是自願去做這差事，而且做得很起勁呢。

二〇〇九年一月份《今日心理學》（*Psychology Today*）的封面故事揭露，美國人熱衷於正向思考，但並沒有因此更加快樂。此外，「自封的專家」人數眾多，而且還不斷增加。那篇封面故事的作者指出，學術界的正向心理學和那些自封的專家一起構成她所謂的「快樂運動」。她指出：「根據評估，快樂運動興盛的那幾年，整體而言，國民反而越來越悲哀、焦慮，或許正因如此，大家才會把快樂運動的商品搶購一空。」[9] 出現這樣的結果，應該很少人會覺得意外吧。正向思考並沒有讓人不用再時時保持警戒，反而讓人時時提防自己。正向思考不勸人去擔心屋頂會不會塌或會不會丟掉工作，反而勸人要小心負向的念頭，一出現就要加以修正。結果正向思考的人最後會強迫自己進行心智修練，這種心智修練和正向思考所取代的喀爾文教派的心智修練一樣嚴厲。喀爾文教派的心智修練是永無休止地檢驗自我和控制自我，而正向思考的則是催眠自我。唐諾．邁爾表示：「正向思考得時時反覆提振精神；時時留意，以防出現自認為辦不到的想法；時時監視身心，以防身心造反，不受控制。」[10]

這個擔子現在我們終於能心安理得地放下了。大家談到學習正向「控制思想」時，總是說得好像那樣做能救命似的。不過其實那種做法可能會產生致命的影響，因為它會降低判斷力，阻礙我們得到重要資訊。我們有時得留意恐懼和負向想法，時時都得提防外面的世界。我們也得去聽壞消息，考慮「負向」者的觀點。現在大家應該都知道了，不這麼做很危險。

保持戒心的現實感並不會阻礙人追求快樂，相反地，這樣能讓人找到快樂。若不去解決現實環境的問題，我們怎麼能期待情況會改善呢？正向思考想要說服我們的是，相較之下，環境這類的外在因素是次要的，內在的心境、態度、心情才是首要的。前面提過了，教練和大師都把現實世界的問題斥為失敗的「藉口」，而正向心理學家也老是把快樂方程式中代表環境的C減到最低。確實，決心這類的主觀因素在求生時至關重要，而且人有時也真的能克服宛如惡夢般的逆境。不過心智並不會自己去解決問題。而且忽略困境所扮演的角色，或者更糟的，把困境歸咎於想法，只會使人不知不覺養成自鳴得意的壞心腸。拜恩面對二〇〇四年的海嘯時就曾表現出這種心態。她引用吸引力法則，說海嘯之類的災難只會發生在「頻率與災難相同」的人身上。[11]

全球世人最常因為貧窮而無法快樂，因此一般人認為快樂調查是可信的，因為結果一致顯示，全球最快樂的國家經常也是最富庶的。例如在一百七十八個國家中，美國排名第二十三，英國排名第四十一，印度則是慘澹的第一百二十五名。[12]最近有研究進一步發現，在各國內，有錢人通常比較快樂。美國年收入二十五萬美元以上的家庭中，約百分之九十表示「非常快樂」；而年收入低於三萬美元的家庭中，只有百分之四十二表示「非常快樂」。[13]《紐約時報》在二〇〇九年調查紐約各鄰里，發現最快樂的地區也是最富裕的，而且咖啡廳、社區志工團體、電影院、社交機會也最多，這絕非巧合；最不快樂的社區在布朗克斯區，該區的特色為廢棄建築、沒收掉的垃圾堆、失業率高居全市之冠。[14]

從新教改革以來的幾世紀，西方經濟菁英就一廂情願地認為，人會貧窮是咎由自取。喀爾文教派認為貧窮是懶惰和其他壞習慣造成的；正向思想家則認為人會貧窮是因為故意不接受富裕。這種怪罪受害者的論點與近二十年來盛行的經濟保守主義完美契合。接受社會救濟的人被迫去做低薪工作（理由是要他們增加自信）；遭裁員的人或即將遭裁員的勞工必須對激勵講師言聽計從，認真自我激勵。不過經濟崩盤應該已經永遠消滅「人會貧窮是因為有缺點或心態不正常」這種想法了。到失業救濟機關和教會排隊領免費食物的人裡頭，有勤奮努力的、也有好吃懶做的，有常保樂觀的、也有長期憂鬱的。若有朝一日經濟能恢復，我們千萬不能遺忘我們多麼容易因為交互影響、自欺欺人，快速陷入貧困。

當然，就算生活富裕、功成名就、飽受關愛，人也不一定能快樂。快樂的環境不必然會讓人快樂，不過這並不表示去探索內在、改正想法與感覺，就能找到快樂。我們面對的威脅是真實的，消除威脅的不二法門就是別再成天只想著自己，應該起身行動，為世界貢獻心力，像是幫忙蓋堤防、送食物給飢民、尋找解決問題的對策，更重要的是，強化「第一線緊急應變機關」！雖然我們絕對無法同時完成這一切工作，甚至永遠無法完成，但是，請容我用個人的快樂祕訣作為本書的最後一句話：我們可以從努力中獲得快樂。

註釋
Notes

前言

[1] "Happiness Is 'Infectious' in Network of Friends: Collective—Not Just Individual—Phenomenon", *Sciencedaily*,Dec. 5, 2008, http://www.science daily.com/release/2008/12/081205094506.htm.

[2] Daniel Kahneman and Alan B. Krueger, "Developments in the Measurement of Subjective Well-Being," *Journal of Economic Perspectives* 20(2006):3-24.

[3] "Psychologist Produces the First-Ever'World Map of Happiness,'" *ScienceDaily*, Nov. 14, 2006, http://www.sciencedialy.com/rlease/2006/11/061113093726.htm.

[4] http://rankingamerica.worldpress.com/2009/01/11/the-us-ranks-150th-in-planet-happiness/,Jan. 11, 2009.

[5] Godfrey Hodgson, *The Myth of American Exceptionalism* (New Haven: Yale University Press, 2009), 113; Paul Krugman,

"America the Boastful," *Foreign Affairs*, May—June 1998.

[6] 2000 State of the Union Address, Jan. 27,2000, http://www.washingtonpost.com/wp-srv/politics/special/states/docs/sou00.htm; Geoff Elliott, "Dubya's 60th Takes the Cake,"*Weekend Australian*, July 8, 2006; Woodward,quoting Rice, *Meet the Press* transcript , Dec. 21 , 2008, http://today.msnbc.msn.com/id/28337897/.

[7] Quoted in Karen A. Cerulo, *Never Saw It Coming: Cultural Challenges to Envisioning the Worst* (Chiacago:University of Chiacago Press,2006), 18.

[8] Cerulo, *Never Saw It Coming*, 239.

[9] Hope Yen,"Death in Streets Took a Back Seat to Dinner," *Seattle Times*, Oct. 25, 2005.

第一章　微笑面對人生，否則死路一條：癌症的光明面

[1] Susan M., Love,with Karen Lindsey, *Dr. Susan Love's Breast Book* (Cambridge:Perseus, 2000),380-81.

[2] Gina Kolata, "In Long Drive to Cure Cancer, Adavances Have Been Elusive,"*New York Times*, April 24,2009.

[3] Stephen C. Fehr, "Cheerfully Fighting a Kailler; Upbeat Race for Cure Nets $3 Million for Cancer Research,"*Washington Post*, June 4, 2000.

[4] Charla Hudson Honea, *The First year of the Rest of Your*

Life:Reflections for Survivors of Breast Cancer(Cleveland: Pilgrim Press, 1997), 6.

[5] Jane E. Brody, "Thriving after Lifes's Bum Rap,"*New York Times*, Aug. 14, 2007.

[6] Ann McNerney, *The Gift of Cancer: A Call to Awakening* (Baltimore: Resonant Plublishing, n.d.), 183, vii.

[7] Honea, *The First Year,* 25, 36, 81.

[8] http://www.cfah.org/hbns/newsrelease/woment3-07-01.cfm.

[9] http://www.nugget.ca/webapp/sitepages/content.asp?contentid =537743&catname=Local+News.

[10] http://ezinearticles.com/?Breast-Cancer-Prevention-Tips&id =199110.

[11] O. Carel Simonton, Stephanie Matthews-Simonton and James L. Creightom, *Getting Well Again* (New York: Bantam, 1992), 43.

[12] Bernie S. Siegel, *Love, Medicine, and Miracles: Lessons Learned about Self-Healing from a Surgeon's Experience with Exceptional Patients*(New York: Harper and Row, 1986), 77.

[13] Simonton et al.,*Getting Well Again*, 144-45.

[14] J. C. Coyne, M. Stefanek, and S. C. Palmer,"Psychotherapy and Survival in Cancer:The Conflict between Hope and Evidence, "*Psychologycal Bulletin* 133(2007):367-94.

[15] http://www.bio-medicine.org/medicine-news-1/Cancer-survival-is- not-influenced-by-a-patients-emotional-status-4214-2/.

[16] John L. Marshall, "Time to Shift the Focus of the War: It Is Not

All About the Enemy," *Journal of Clinical Oncology* 27(2009):168-69.

[17] E. Y. Lin et al.,"Macrophages Regulate the Angiogenic Switch in a Mouse Model of Breast Cancer,"*Cancer Research* 66(2006):111238-46.

[18] Gary Stix,"A Malignant Flame,"*Scientific American* , July 2007,46-49.

[19] "Instead of Fighting Breast Cancer, Immune Cell Promotes Its Spread," *Scrience Daily*, April 26, 2009, http://www.sciencedaily.com/release/2009/04/090422103554.htm

[20] Howard Tennet and Glenn Affleck,"Benefit Finding and Benefit Reminding,"*Handbook of Positive Psychology*, ed. C. R. Snyder and Shane J. Lopez(New York: Oxford University Press, 2002).

[21] Quoted in Karen A. Cerulo, *Never Saw It Coming: Cultural Challenges to Envisioning the Worst*(Chicago:University of Chicago Press, 2006), 118.

[22] Tennet and Affleck, op. cit.

[23] M. Dittman, "Benefit–Finding Doesn't Always Mean Improved Lives for Breast Cancer Patients,"*APAOnline*, Feb. 2004.

[24] Deepak Chopra,"Positive Attitude Helps Overcome Cancer Recurrence," http://health.yahoo.com/experts/deepak/92/positive-attitude-helps-overcome-cancer-resurrence, April 17, 2007.

[25] "A Positve Attitude Does Not Help Cancer Outcome" http://

www.medical.newstoday.com/medicalnews.php?newsid=5780, Feb. 9, 2004.
[26] Cynthia Rittenberg,"Positive Thinking: An Unfair Burden for Cancer Patients,"*Supportive Care in Cancer* 3(1995):37-39.
[27] Jimmie Holland,"The Tyranny of Positive Thinking,"http://www.leukemia-lymphoma.org/all_page?item_id=7038&viewmode=print.

第二章 奇思幻想的年代

[1] Joseph Anzack, *CNN American Morning*, May 16, 2007.
[2] Barry Corbet,"Embedded:A No-Holds-Barred Report from Inside a Nursing Home,"*AARP:The Magazine*, Jan.-Feb.2007,http://www.aarpmagazine.org/health/embedded.html.
[3] Scott McLemee,"Motivation and Its Discontents,"www.insidehighered.com, Feb. 28, 2007.
[4] Dale Carnegie, *How to Win Friends and Influece People* (New York:Pocket Books, 1982), 70, 61, 64.
[5] Arlie Russell Hochschild, *The Managed Heart: Commerciallizationof Human Feeling* (Berkeley: University of California Press, 1983).
[6] William H. Whyte, *The Organization Man* (Philadelphia: University of Penn-sylvania Press, 2002),46-47, 14.

[7] Tom Rath and Donald O. Clifton, *How Full Is Your Bucket?Positive Strategies for Work and Life* (New York:Gallup Press, 2004),47.

[8] Quoted on the American Management Association's Web site, http://www.amanet.org/books/book.cfm?isbn=9780814405826.

[9] T. Harv Eker, *Secrets of the Millionaire Mind: Mastering the Inner Game of Wealth* (New York:HarperBusiness, 2005), 101.

[10] Jeffrey Gitomer, *Liitle Gold Book of YES!* (Upper Saddle River:FT Press, 2007), 138.

[11] http://guruknowledge.org/articles/255/1/The-Power-of-Negative-Thinking/The-Power-of-Negative-Thinking.html.

[12] Gitomer, *Little Gold Book*, 45.

[13] Judy Braley,"Creating a Positive Attitude," http://ezinearticles.com/?Creating-a-Positive-Attitude&id=759618.

[14] Quoted in http://www.nationmaster.com/encyclopedia/The-Secret-(2006-film).

[15] Rhonda Byrne, *The Secret* (New York: Atria Books/Beyond Words, 2006), 116.

[16] Jerry Adler,"Decoding'The Secret,'"*Newseek*, March 5, 2007.

[17] Eker,*Secrets*,67;Vitale quoted in Byrne, *The Secret*, 48.

[18] Catherine L. Albanese, *A Republic of Mind and Spirit: A Cultural History of American Metaphysical Religion* (New Haven: Yale University Press, 2007),7.

[19] *Larry King Live*, CNN, Nov. 2, 2006.

[20] http://www.globalpsychics.com/empowering-you/practical-magic/prosperity.shtml.

[21] Michael J. Losier, *Law of Attraction: The Science of Attractin More of What You Want and Less of What You Don't* (Victoria:Michael J. Losier Enterprises, 2006), 13.

[22] Napoleon Hill, *Think and Grow Rich!* (San Diego: Aventine Press, 2004), 21.

[23] Michael Shermer, "The(Other) Secret,"*Scientific American*, July 2007, 39.

[24] Byrne, *The Secret*, 21.

[25] http://ezinarticles.com/?The-Law-of-Attraction-and-Quantum-Physics&id=223148.

[26] Michael Shermer, "Quantum Quackery," *Scientific American*, Dec. 20, 2004.

[27] Byrne, *The Secret*, 88.

第三章　美國樂觀主義的黑暗根源

[1] Ann Douglas, *The Feminization of American Culture* (New York: Avon, 1977), 145.

[2] Thomas Hooker, quoted in Perry Miller, ed., *The American Puritans: Their Prose and Poetry* (New York: Columbia University Press, 1982), 154.

[3] Miller, *American Puritans*, 241.

[4] Ouoted in Noel L. Brann, "The Problem of Distinguishing religious Guilt from Religious Medieval in the English Renaissance," *Journal of the Rocky Mountain Medieval and Renaissance Association* (1980): 70.

[5] Julius H. Rubin, *Religious Melancholy and Prostestant Experience in America* (New York: Oxford University Press, 1994), 161.

[6] Max Weber, *The Protestant Ethic and the Spirit of Capitalism* (New York: Dover, 2003), 168.

[7] William Bradford, quoted in Stephen Fender and Arnold Goldman, eds., *American Literature in Context* (New York: Rourledge, 1983), 45.

[8] Personal communication, Jan. 10, 2009.

[9] Quoted in Catherine L. Albanese, *A Cultural History of American Metaphysical Religions* (New York: Yale University Press, 2007), 165.

[10] Quoted in Albanese, *Republic of Mind and Spirit*, 167.

[11] Quoted in Gillian Gill, *Mary Baker Eddy* (Cambridge: Perseus, 1998), 43.

[12] Quoted in Caroline Fraser, *God's Perfect Child: Living and Dying in the Christian Science Church* (New York: Metropolitan, 1999), 34.

[13] Quoted in Barbara Ehrenreich and Deirdre English, *For Her Qwn Good: 150 Years of the Expert's Advice to Women* (New York:

Anchor, 1989), 103.
[14] Douglas, *Feminization*, 170.
[15] Quoted in Anne Harrington, *The Cure Within: A History of Mind-Body Medicine* (New York: Norton, 2008), 112.
[16] Douglas, *Feminization*, 170.
[17] Barbara Sicherman, "The Paradox of Prudence: Mental Health in the Gilded Age," *Joural of American History* 62 (1976): 880-912.
[18] Quoted in Douglas, *Femininzation*, 104.
[19] Gill, *Mary Backer Eddy*, 33.
[20] Quoted in Robert D. Richardson, *William James: In the Maelstrom of American Modernism* (Boston: Houghton Mifflin, 2006), 86.
[21] Roy M. Anker, *Self-Help and Popular Religion in Early American Culture: An Interpretive Guide* (Westport: Greenwood Press, 1999), 190.
[22] Gill, *Mary Baker Eddy*, 128.
[23] Richardson, *William James*, 275.
[24] William James, *The Varieties of Religious Experience: A Study in Human Nature* (New York: Morden Library, 2002), 109.
[25] Ibid., 104.
[26] Ibid., 109.
[27] Ibid., 109, 111n.
[28] Quoted in Franser, *God's Perfect Child*, 195.
[29] Micki McGee, *Self-Help, Inc.:Makeover Culture in American Life*

(New York:Qxford University Press, 2005), 142.

[30] http://www.bripblap.com/2007/stoppong-negative-thoughts/.

[31] Napoleon Hill, *Think and Grow Rich!* (San Diego: Aventine Press, 2004), 52, 29, 71, 28, 30, 74.

[32] Norman Vincent Peale, back over quote on Fenwicke Holmes, *Ernests Holmes: His Life and Times* (New York Dodd,Mead, 1970), http://self-improvement-ebooks.com/books/ehhalt.php.

[33] Norman Vincent Peale, *The Positive Principle Today* (New York: Random House, 1994), 289.

[34] Donald Meyer, *The Positive Thinkers: Popular Religious Psychology from Mary Baker Eddy to Norman Vincent Peale and Ronald Reagan* (Middletown: Wesleyan University Press, 1998), 268.

[35] Norman Vincent Peale, *The Power of Positive Thinking* (New York: Random House, 1994), 28.

[36] T. Harv Eker, *Secrets of the Millionaire Mind* (New York: Harper Business, 2005), 94.

[37] Quoted in McGee, *Self-Help, Inc.*,143.

[38] Ibid.,142.

[39] Jeffrey Gitomer, *Little Gold Book*, 164.

[40] Ibid.,165.

[41] Ibid.,169.

[42] Quoted in Meyer, *Positive Thinkers*, 80.

第四章　讓人生意興隆的激勵產業

[1] Steven Winn, "Overcome that Gnawning Fear of Success! Seize Your Share of the American Dream! You—Yes, You,Ma'am—Can Do It, at a Ones-Day Gathering That's Equal Parts Boot Camp, Tent Revival, Pep Rally and Group Therapy," *San Francisco Chronicle*, May 24, 2004.

[2] Rick Romell, "Selling Motivation Amounts to Big Business: Self-Help GuruFinds Success Again with His New Firm," *Milwaukee Journal Sentinel online*, May 21, 2007.

[3] Jonathan Black, *Yes You Can! Behind the Hyper and Hustle of the Motivation Biz* (NY: Bloombury Publishing, 2006).

[4] William Lee Miller, "Some Negative Thinking about Norman Vincent Peale," originally published in *Reporter*, Jan. 13, 1955, http://george.loper.org/trends/2005/Aug/955.html.

[5] Rob Spiegel, "The Hidden Rule of Positive Thinking," www.businessknowhow.com/startup/hidden.htm.

[6] Carol V. R. George, *God's Salesman: Norman Vincent Peale and the Power of Positive Thinking* (New York:Qxford University Press, 1994), 233.

[7] George, *God's Salesman*, 124.

[8] Stephanie Saul, "Gimme an Rx! Cheerleaders Pep Up Drug Sales," *New York Times*, Nov. 28, 2005.

[9] Jerry Pounds, "The Great Motivational Myth," http;//www.

management-issues.com/2006/5/25/opinion/the-great-motivational-myth.asp.

[10] Karl Vick,"Team-Building or Torture?Court Will Decide,"*Washington Post*, April 13, 2008.

[11] Robin Leidner, *Fast Talk: Service Work and the Rountinization of Everyday Life* (Berkeley: University of California Press, 1993), 65, 100-101, 104.

[12] Stephen Butterfield, *Amway:The Cult of Free Enterprise* (Boston: South End Press, 1985), 100.

[13] Ibid.,28-29, 36-37.

[14] Jonathan Black, *Yes You Can!*, 180.

[15] Quoted in Rakesh Khurana, *From Higher Aims to Hired Hands: The Social Transformation of American Business Schools and the Unfulfilled Promise of Management as a Profession* (Princeton University Press, 2007), 303.

[16] Khurana, *From Higher Aims*, 320-21, 325.

[17] Clive Thompson,"Apocalypse Now: As the Year 2000 Approaches, Politicians and Business Leaders Are Gsetting Ready fo the End of the World. Things Have Never Looked Better,"*Canadian Business and Current Affairs*, Jan. 1996, 29-33.

[18] Jennifer Reingold and Ryan Underwood, "Was Built to Last Built to Last?" *Fast Company*, Nov. 2004, 103.

[19] Michelle Conlin, "Religion in the Workplace," *BusinessWeek*, Nov. 1, 1999, 150.

[20] Craig Lambert, "The Cult of the Charismatic CEO,"*Harvard Magazine*, Sept.-Oct. 2002.

[21] Dennis Toruish and Ashly Pinnington, "Transformational Leadership, Corporate Cultism, and the Spirituality Paradigm: An Unholy Trinity in the Workplace?"*Human Relations* 55(2002): 147.

[22] Conlon, "Reliogion in the Workplace."

[23] Gay Hendricks and Kate Ludeman, *The Corporate Mystic: A Guidebook for Visionnaries with Their Feet on the Ground* (New York: Bantam, 1996), xvii.

[24] Frank Rose and Wilton Woods,"A New Age for Business?"*Fortune*, Oct. 8, 1990, 157.

[25] Thompson,"Apocalypse Now."

[26] Mark Gimein, "Now That We Live in a Tom Peters World...Has Tom Peters Gone Crazy?" *Fortune*, Nov. 13, 2000.

[27] Jack Welch, with John A. Byrne,*Jack: Straight from the Cut* (New York:Business Plus, 2003), 436.

[28] Jeffrey E. Lewin and Wesley J. Johnston, "Competitiveness," *Competitiveness Review*, Jan. 1,2000.

[29] Louis Uchitelle, *The Disposible American: Layoffs and Their Consequences* (New York: Knopt, 2006), x.

[30] Henry S. Farber, "What Do We Know about Job Loss in the United States?Evidence from the Displace Workers' Survey, 1984–2005," Working Paper 498, Priceton University Industrial

Relations Section, Jan. 5, 2005.

[31] Quoted in Carrie M. Lane, "A Company of One: White-Coller Unemployment in a Global Economy," unplublished ms., 131.

[32] Quoted in Gaenor Vaida, "The Guru's Guru," *Sunday Times* (South Africa), July 6, 2003.

[33] Lloyd Grove, "The Power of Positive Buying; Feeling Unmotivated? This Mug's for You," *Washington Post*, Dec. 31, 1994.

[34] http://64.233.169.104/search?q=cache:_icxqiKivO0J: www.workplacecoaching.com/pdf/HistoryofCoaching.pdf+%22history+of+coaching%22&hl=en&ct=clnk&cd=1&gl=us2.

[35] Richard Reeves, "Let's Get Motivated," *Time*, May 2, 1994.

[36] Lloyd Grove, "Power of Positive Buying."

[37] William A. Davis, "Stores Cash in on Selling Success," *Boston Globe*, Aug. 1, 1994.

[38] Rayna Katz, "Planners Face a Different-Looking Future, Reporter Say," *Meeting News*, Sept. 18, 2000, http://www.allbusiness.com/trasportation-communicate-eletric-gas/4227180-1.html.

[39] http://www.cpcoaching.com/employee_retention_team_building. html.

[40] Spencer Johnson, *Who Moved My Cheese?* (New York: Putnam, 1998), 35, 71.

[41] Ibid.,57.

[42] Jill Andresky Fraser, *White-Collar Sweatshop: The Deterioration of Work and Its Rewards in Corporate America* (New York: Norton, 2001), 195.

[43] John Balzar, "Losing a Job: From Great Depression to Reinvention," *Los Angeles Times*, Oct. 20, 1993.

[44] Lane, "Company of One."

[45] Fraser, *White-Collar Sweatshop*, 191, 193.

[46] Jennifer M. Howard, "Can Teams Survive Downsizing?", http://www.qualitydigest.com/may/downsize.html.

[47] Paul Solman, "The Right Choice?," *PBS Online News Hour*, March 22, 1996, http://www.pbs.org/newshour/bb/economy/att_layoffs_3-22.html.

[48] http://www.theskesgrp.com/Teamtrg01.html.

[49] Fraser, *White-Collar Sweatshop*, 191–92.

第五章　神要世人大富大貴

[1] Abe Levy, "Megachurches Growing in Number and Size," AP, via SFGate.com, Feb. 3, 2006, http://www.religionnewsblog.com/13512/megachurches-growing-in-number-and-size.

[2] David Van Biema and Jeff Chu, "Does God Want You to Be Rich?" *Time*, Sept. 18, 2006, 48.

[3] Gabriel N. Lischak, "The Rise of the Megachurches: A New

Phenomenon Is Taking Shape in America—One That Is Radically Redefing the 'Christian Experience,'" Jan. 6, 2006, http://www.realtruth.org/articles/418-trotm-print.html.

[4] http://www.thechurchreport.com/mag_article.php?mid=875&mname=January.s

[5] William Lee Miller, "Some Negative Thinking about Norman Vincent Peale," originally published in *Reporter*, Jan. 13, 1955, http://george.loper.org/trends/2005/Aug/955.html.

[6] Joel Osteen, *Your Best Life Now: 7 Steps to Living at Your Full Potential* (New York: Faith Worlds, 2004), 183.

[7] Ted Olsen, "Weblog: Kenneth Hagin,'Word of Faith'Preacher, Dies at 86," Sept. 1, 2003, http://www.christianitytoday.com/ct/2003/septemberweb-only/9-22-11.0.html?start=1.

[8] Osteen, *Your Best Life Now*, 5, 101, 41.

[9] Ibid., 112.

[10] Dennis Voskuil, *Mountains into Goldmines: Robert Schuller and the Gosple of Success* (Grand Rapids:Eerdmans, 1983), 80.

[11] Chris Lehnmann, "Pentecostalism for the Exurbs: Joel Osteen's God Really Wants You to Dress Well, Stand Up Straight, and Get a Convenient Parking Space," Jan. 2, 2008, http://www.slate.com/id/2180590/.

[12] Edwence Gaines, *The Four Spiritual Laws of Prosperity: A Simple Guide to Unlimited Abundance* (New York: Rodale, 2005), 88.

[13] D. R. McConnel, *A Different Gospel* (Peabody: Hendrickson,

1988).

[14] Shayne Lee, "Prosperity Theology: T. D. Jakes and the Gospal of the Almighty Dollar," *Cross Currents*, June 22, 2007, 227.

[15] Milmon F. Harrison, "Prosperity Here and Now: Synthesizing New Thought with Charismatic Christianity, the Word of Faith Movement Promises Its Members the Good Life," http://www.beliefnet.com/Faiths/Christianity/2000/05/Prosperity-Here-And-Now.aspx.

[16] Ibid.

[17] Van Biema and Chu, "Does God Want You to Be Rich?", 48.

[18] See John Jackson, *PastorPresneur: Pastors and Entrepreneurs Answer the Call* (Friendwood: Baxter, 2003).

[19] Quoted in Scott Thumma, "Exploring the Megachurch Phenomenon: Their Characteristics and Cultural Context," http://hirr.hartsem.edu/bookshelf/thumma_article2.html.

[20] Bill Hybels, "Commentary: Building a Church on Marketing Surveys," excerpted from *Christian News*, July 1991, http://www.rapidnet.com/~jbeard/bdm/exposes/hybels/news.htm.

[21] Witold Rybczynski, "An Anatomy of Megachurches: The New Look for Places of Worship," Oct. 10, 2005, http://www. slate.com/id/2127615/.

[22] Frances Fitzgerald, "Come One, Come All: Building a Megachurch in New England," *New Yorker*, Dec. 3, 2007, 46; Denis Haack, "Bruce Bezaire: Meticulous Renderings of Glory," http://

ransomefellowship.org/articledetail.asp?AID=21&Denis%20 Haack&TID=6.

[23] Quoted in Lischak, "Rise of the'Megachurch.'"

[24] Quoted in Van Biema and Chu, "Does God Want You to Be Rich?"

[25] "Jesus, CEO," *Economist*, Dec. 20, 2005, http://www.economist.com/world/unitedstates/PrinterFriendly.cfm?story_id=5323597.

[26] Felix Salmon, "Market Movers," Jan. 24, 2008, http://www.portfolio.com/views/blogs/market-movers/2008/01/24/davos-surprise-rick-warren; Malcolm Gladewell, "The Cellular Church: How Rick Warren's Congregation Grew," *New York*, Sept. 12, 2005, 60.

[27] Gustav Niebuhr, "Megachurches", *New York Times*, Aprils 18, 1995.

[28] Osteen, *Your Best Life Now*, 11.

[29] Dennis Tourish and Ashly Pinnington,"Transformational Leadership, Corporate Cultism, and the Spirituality Paradigm: An Unholy Trinity in the Workplace?"*Human Relations* 55 (2002): 147.

[30] "Jesus, CEO."

[31] Quoted in Voskuil, *Mountains into Goldmines*, 78.

[32] Osteen, *Your Best Life Now*, 298.

第六章　正向心理學：快樂學

[1] Martin E. P. Seligman, *Authentic Happiness: Using the New Positive Psychology to Realize Your Potential for Lasting Fulfillment* (New York: The Free Press, 2002), 24; Dorothy Wade,"Happy Yet?" *Australian Magazine*, Oct, 22, 2005, 39.

[2] Strawberry Saroyan, "Happy Days Here Again," *Elle*, Dec. 1998.

[3] Quoted in Jennifer Senior, "Some Dark Thoughts on Happiness," *New York*, July 17, 2006.

[4] Robert Biswas-Diener and Ben Dean, *Positive Psychology Coaching: Putting the Science of Happiness to Work for Your Clients* (New York: Wiley, 2007), 12, 31.

[5] John Templenton Foundation, Capabilities Report, 2002, 82.

[6] Patrick B. Kavanaugh, Lyle D. Danuloff, Robert E. Erard, Marvin Hyman, and Janet L. Pallas, "Psychology: A Prosfession and Practice at Risk," July, 1994, www.academyprojects.org/lempal.htm;Ilana DeBare, "Career Coaches Help You Climb to the Top:'Personal Trainers'for Workers New Fiscal Fitness Craze,"*San Francisco Chronicle*, May 4, 1998.

[7] Seligman, *Authentic Happiness*, ix.

[8] Joshua Freedman, "An Interview with Martin E. P. Seligman, Ph. D.," *EQ Today*, Fall 2000 http://www.eqtoday.com/optimism/seligman.html.

[9] Wade, "Happy Yet?", 39.

[10] Ed Diener and Martin E. P. Seligman,"Beyond Money: Toward an Economy of Wellbeing," *Psychological Science in the Public Interest* 5, no. 1(2004).

[11] John Lanchester, "Pursuing Happiness: Two Scholars Explore the Fragility of Contentment," *New Yorkers*, Feb. 27, 2006.

[12] Seligman, *Authentic Happiness*, 39.

[13] Ibid., 28, 38, 43, 103.

[14] Ibid., 119, 120-21.

[15] Ibid., 129, 133.

[16] Ibid., 45.

[17] Ibid., 129.

[18] Barbara Held, "The Negative Side of Positive Psychology," *Journal of Humanistic Psychology* 44 (Winter 2004): 9-46.

[19] Biswas-Dience and Dean, *Positive Psychology Coaching*, 31.

[20] Sonja Lyubomirsky, Laura King, and Ed Diener, "The Benefits of Frequent Positive Affect: Does Happiness Lead to Success?," *Psychological Bulletin* 131(2005): 803-55.

[21] Mike McGrath, "When Back Pain Starts in Your Head: Is Repressed Anger causing Your Back Pain?"http://www.prevention.com/cda/article/when-back-pain-starts-in-your-head/727b7e643f803110VgnCM100000132lcac____/health/conditions.treatments/back.pain.

[22] Seligman, *Authentic Happiness*, 3. Deborah D. Danner, David A. Snowdon, and Wallace V. Friesen, "Findings from the Nun

Study, University of Ken-tucky," *Journal of Personality Humanistic Psychology* 80 (2001): 804-13.

[23] Gina Kolata, "Research Links Writing Style to the Risk of Alzheimer's,"*New York Times*, Feb. 21, 1996, http://www.nytimes.com/1996/02/21/us/research-links-writing-style-to-the-risk-of-alzheimers.html?sec=health.

[24] LeeAnne Harker and Dacher Keltner, "Expressions of Positive Emotion in Women's College Yearbook Pictures and Their Re;ationship to Personality and Life Outcomes across Adulthood," University of California, Berkeley, http://ist-socrates.berkeley.edu/~publications/harker.jpsp.2001.pdf;Jeremy Freese, Sheri Meland, and William Irwin, "Expressions of Positive Emotion in Photographs, Personality, and Later-Life Marital and Health Outcomes," *Journal of Research in Personality*, 2006, http://www.jeremyfreese.com/docs/FreeseMelandIrwin%20JRP%20-%20ExpressionsPositive EmotionInPhotographs.pdf.

[25] Glenn V. Ostir, Kenneth J. Ottenbacher, and Kyriakos S. Markids, "Onset of Frailty in Older Adults and the Protective Role of Positive Afflect," *Psychology and Aging* 19 (2004): 402-8.

[26] Seligman, *Authentic Happiness*, 40.

[27] James Coyne et al., "Emotion Well-Being Does Not Predit Survival in Head and Neck Cancer Patients," *Cancer*, Dec. 1, 2007; Merritt McKinney, "Optimism Doesn't Improve Lung Cancer Survival," *Reuters Health*. Feb. 9, 2004.

[28] See, for example, L. B. Kubansky and I. Kawachi, "Going to the Heart of the Matter: Do Negative Emotions Cause Coronary Heart Disease?," *Journal of Psychosomatic Research* 48 (2000): 323-37.

[29] Held, "Negative Side of Positive Psychology."

[30] Ibid.

[31] Melissas Healy, "Truth Is, It's Best If They Know," Oct. 30, 2006, http://www.latimes.com/features/health/la-he-realists30oct30,0,141646.story?coll=la-home-health.

[32] Derek M. Isaacowitz, with M. E. P. Seligman, "Is Pessimistic Explanatory Style a Risk Factor for Depressive Mood among Community-Dwelling Older Adults?" *Behaviour Research and Therapy* 39 (2001): 255-72.

[33] Mary Duenwald, "Power of Positive Thinking Extends, It Seems, to Aping," *New York Times,* Nov. 19, 2002.

[34] Ibid.

[35] Quoted in B. Held, "The'Virtues' of Positive Psychology," *Journal of Theoretical and Philosophical Psychology* 25 (2005): 1-34.

[36] Sarah D. Pressman and Sheldon Cohen, "Does Positive Affect Influence Health?" *Psychological Bulletin* 131 (2005): 925-71.

[37] http://esi-topics.com/fbp/2007/june07-Pressman_Cohen.html.

[38] Seligman, *Authentic Happiness*, 40; Suzanne C. Segerstrom, "Optimistic, Goal Conflict, and Stressor-Related Immune Change," *Journal of Behavioral Medicine* 24, no. 5 (2001).

[39] Susan Ferraro, "Never a Cloudy Days: The Link between Optimistic and Good Health," *New York Daily News*, June 17, 2002.

[40] http;//www.templeton.org/capabilities_2004/pdf/the_joy_of_giving.pdf.

[41] http://latimesblogs.latimes.com/washington/2008/10/a-big-donor-goes.html.

[42] John Templeton Foundation, From 990, 2005.

[43] John Templeton Foundation, Capabilities Report, 2006, 77.

[44] Freedman, interview with Martin E. P. Seligman.

[45] Jane Mayer, "The Experiment: The Military Trains People to Withstand Interrogation. Are Those Methods Being Misused at Guantanamo?" *New Yorker*, July 11, 2005, 60.

[46] David Montgomery, "A Happiness Gap: Doomacrats and Republigrins," *Washington Post*, Oct. 24, 2008.

[47] David Montgomery, *Stumbling on Happiness* (New York: Vintage, 2007), 243.

[48] Biswas-Dience and Dean, *Positive Psychology Coaching*, 229.

[49] Sam Fulwood III, "Poised for Joy: Life Coaches Teach How to be Happy," *Cleveland Plain Dealer*, Feb. 9, 2008.

[50] Sara Martin, "Seligman Laments People's Tendency to Blame Others," *APA Monitor*, Oct. 1998.

[51] Seligman, *Authentic Happiness*, 50.

[52] Brad Lemley, "Shiny Happy People: Can You Reach Nirvana with

the Aid of Science?" *Discover*, Aug. 2006, http://discovermagazine.com/2006/aug/shinyhappy.

[53] D. T. Max, "Happiness 101," *New York Times Magazine*, Jan. 7, 2007.

[54] http://www.flourishingschools.org/program.htm.

[55] Max, "Happiness 101."

第七章　正向思考如何破壞經濟

[1] Michael A. Fletcher, "1 in 4 Working Families Now Low-Wage, Report Finds," *Washington Post*, Oct. 15, 2008.

[2] David Leonhardt, "Larry Summers's Evolution," *New York Times*, June 10, 2007.

[3] Leslie Bennetts, "The End of Hubris,"*Portfolio*, Dec. 2008, http://www.portfolio.com/news-markets/national-news/portfolio/2008/11/19/Greed-and-Doom-on-Wall-Street.

[4] John Schmitt and Ben Zipperer, "Is the U.S. a Good Model for Reducing Social Exclusion in Europe?," *Center for Economic Policy Review*, Aug. 2006.

[5] Caraol Graham and Soumya Chattopadhyay, "Gross National Happiness and the Economy," http://www.americanprogress.org/issues/2006/04/b1579981.html.

[6] Dean Baker, *Plunder and Blunder: The Rise and Fall of the Bubble Economy* (Sausalito: Polipoint Press, 2009), 3.

[7] Paul Krugman, "Lest We Forget," *New York Times*, Nov. 11, 2008.
[8] Quoted in Karen A. Cerulo, *Never Saw It Coming: Cultural Challenges to Envisioning the World* (Chicago: University of Chicago Press, 2006), 61-62.
[9] Karin Klein, "Wish for a Cake—and Eat It Too," *Los Angeles Times*, Feb. 13, 2007.
[10] Joel Osteen, *Your Best Life Now: 7 Steps to Living at Your Full Potential* (New York: Faith Worlds, 2004), 7-8.
[11] David Van Biema, "Maybe We Should Blame God for the Subprime Mortgage Mess," *Times*, Oct. 3, 2008.
[12] Kevin Phillips, *Bad Money: Reckless Finance, Failed Politics, and the Global Crisis of American Capitalism* (New York:Viking, 2008) 92-95.
[13] Baker, *Plunder and Bluder*, 97.
[14] Stephen S. Roach, "Dying of Consumption," *New York Times*, Nov. 28, 2008; Phillips, *Bad Money*, 43.
[15] Alan Zibel, "Personal Bankruptcy Filings Rise 40%," Washingtonpost.com, Jan. 4, 2008.
[16] Steven Pearlstein, "A Perfect Storm? No, a Failure of Leadership," *Washington Post*, Dec. 12, 2008.
[17] Robert J. Samuelson, "The Engine of Mayhem," *Newsweek*, Oct. 13, 2008, http://www.newsweek.com/id/163743.
[18] Steve Fishman, "Burning Down His House," *New York*, Dec. 8, 2008.

[19] *Larry King Live*, CNN, Nov. 21, 2008.

[20] Jenny Anderson and Vikas Bajaj, "Merrill Tries to Temper the Pollyannas in Its Ranks," *New York Times*, May 15, 2008.

[21] http://about.countrywide.com/PressRelease/ PressRelease.aspxs?rid=515497&pr=yes.

[22] Grechen Morgenson and Geraldine Fabrikant, "Countrywide's Chief Salesman and Defender," *New York Times*, Nov. 11, 2007.

[23] Adam Michaelson, *The Foreclosure of America: The Inside Story of the Rise and Fall of Countrywide Home Loans, the Mortgage Crisis, and the Default of the America Dream* (New York:Berkley, 2009), 260, 205, 261.

[24] Michael Lewis, "The End of Wall Street's Boom," Portfolio.com, Dec. 2008.

[25] Fishman, "Burning Down His House."

[26] Jo Becker, Sheryl Gay Stolberg, and Stephen Labaton, "White House Philophy Stoked Mortgage Bonfire," *New York Times*, Dec. 21, 2008.

[27] Julia Hobsbawm, "The Joy of Coaching," May 24, 2007, http://www.spectator.co.uk/the-magazine/business/31040/the-joy-of-coaching.thml.

[28] Baker, *Plunder and Blunder*, 16; Eduardo Porter, "More Than Ever, It Pays to Be the Top Executive," *New York Times*, May 25, 2007.

[29] Robert Frank, *Richistan: A Journey through the American Wealth*

Boom and the Lives of the New Rich (New York: Crown, 2007), 16.

[30] David Lazarus, "Wretched Excess Rides High in Many Executive Suites," *San Fracisco Chronicle*, Dec. 29, 2002.

[31] http://www.independent.co.uk/news/business/comment/jack-welch-neutron-jack-flattens-the-bleeding-hearts-748440.html.

[32] Fishman, "Burning Down His House."

[33] Ibid.

[34] Eric Dezenhall and John Weber, *Damage Control: How to Get the Upper Hand When Your Business Is under Attack* (New York: Portfolio, 2007), 188.

[35] Roger Lowenstein, "Triple-A Failure," *New York Times Magazine*, April 27, 2008.

[36] http://marketplace.publicradio.org/display/web/2008/10/23/greenspan/#.

[37] Paul Vitello, "An Evangelical Article of Faith: Bad Times Draw Bigger Crowdss," *New York Times*, Dec. 14, 2008.

[38] *Larry King Live,* CNN, Dec. 8, 2008; "When the Economy Gives You Lemeons," *Marketplace*, American Public Media, Nov. 26, 2007.

[39] Uri Friedman, "Sales Down, So Firms Boost Morale," *Christian Science Monitor*, Aug. 22, 2008, http://www.csmonitor.com/2008/0822/p03s01-usec.html.

[40] Patricia Leigh Brown, "Even if You Can't Buy It, Happiness Is Big

Business," *New York Times*, Nov. 27, 2008.

[41] Jodie Tillman, "If You're Unhappy and Know It, Shut Up," *St. Peterburg Times*, Jan. 29, 2008.

[42] Cindy Krischer Goodman, "How to Survive the Economic Crisis: Be Positive, Proactive," *Miami Herald*, Oct. 28, 2008.

[43] Eli Davidson, "How to Get through the Recession with Less Depression," Sept. 25, 2008, http://www.huffingtonpost.com/eli-davidson/how-to-get-through-the-re_b_12897.html.

[44] "Tony Robbins, Life Coach, Gives Suggestions for Dealing with Our Shaky Economy," *Today*, MSNBC, Oct. 13, 2008.

[45] Dennis Byrne, "Facts You Just Can't Believe In," Dec. 30, 2008, www.chicagotribune.com/news/nationworld/chi-opeds1230byrnedec30,0,787857.story.

第八章　關於後正向思考的一點補充

[1] Sally Quinn and Ben Bradlee, "On Faith: Are You Satisfied with Where You Are Now in Your Life?," *Washington Post*, May 22, 2007, http://www.washingtonpost.com/wp-dyn/content/discussion/2007/05/18/DI2007051801202.html?tid=informbox.

[2] Julie K. Norem, *The Positive Power of Negative Thinking: Using Defensive Pressimism to Harness Anxiety and Perform at Your Peak* (New York: Basic, 2001).

[3] Atul Gawande, "The Power of Negative Thinking," *New York*

Times, May 1, 2007.

[4] Ryszard Kapuscinski, *Shah of Shahs* (New York:Vintage, 1992), 89.

[5] Dubravka Ugresic, *Thank You for Not Reading* (Chicago: Dalkey Archive,as 2003),86.

[6] Pekka Pesonen, "Utopias to Norms: From Classicism to Socialists Realism," http://www.slav.helsinki.fi/studies/huttunen/mosaiikki/retro/en/centre-periphery/pp2_eng.htm.

[7] Ugresic, *Thank You*, 86.

[8] John Marks Templeton, *The Templeton Plan: 21s Steps to Personal Success and Real Happiness* (West Conshohocken: Templenton Foundation, 1997), 118.

[9] Carlin Flora, "The Pursuit of Happiness," http://www.psychologytoday.com/articles/index.php?term=pto-4738.html&fromMod=emailed.

[10] Donald Meyer, *The Positive Thinkers: Popular Religious Psychology from Mary Baker Eddy to Norman Vincent Peale and Ronald Reagan* (Middletown: Wesleyan University Press, 1998), 393.

[11] Victoria Moore, "Promising You Can Have Anything Just bys Thinking about It, It's No Surprise The Secret Has Become the Fastest-Selling Self-Help Book Ever," *Daily Mail* (London), April 26, 2007.

[12] "Psychologist Produces the First-Ever'World Map of Happiness,'" *ScienceDaily*, Nov. 14, 2006, http://www.sciencedaily.com/

releases/2006/11/061113093726.htm.

[13] David Leonhardt, "Money Doesn't Buy Happiness. Well, on Second Thought..." *New York Times*, April 16, 2008.

[14] Fernanda Santos, "Are New Yorkers Happy? Some More Than Others," *New York Times*, March 8, 2009.

左岸｜社會議題 304

失控的正向思考

我們是否失去了悲觀的權利？（新版）

Bright-Sided: How Positive Thinking is Undermining America

作　　者　芭芭拉・艾倫瑞克（Barbara Ehrenreich）
譯　　者　高紫文

總 編 輯　黃秀如
責任編輯　孫德齡
企劃行銷　蔡竣宇
校　　對　蘇暉筠
封面設計　陳恩安
電腦排版　宸遠彩藝

社　　長　郭重興
發行人暨出版總監　曾大福
出　　版　左岸文化／遠足文化事業股份有限公司
發　　行　遠足文化事業股份有限公司
地　　址　23141新北市新店區民權路108—2號9樓
電　　話　02—2218—1417
傳　　眞　02—2218—8057
客服專線　0800—221—029
E-Mail　rivegauche2002@gmail.com
左岸臉書　https://www.facebook.com/RiveGauchePublishingHouse/
團購專線　讀書共和國業務部　02-2218-1417分機1124、1135

法律顧問　華洋法律事務所　蘇文生律師
印　　刷　成陽印刷股份有限公司
二版一刷　2020年02月

定　　價　400元
ISBN　978-986-98006-9-3

國家圖書館出版品預行編目資料

失控的正向思考：我們是否失去了悲觀的權利？

芭芭拉・艾倫瑞克(Barbara Ehrenreich)著 / 高紫文譯. 二版.
新北市：左岸文化出版：遠足文化發行 2020.02
320面；13×19公分. --（左岸社會議題；304）
譯自：Bright-sided : how positive thinking is undermining America
ISBN 978-986-98006-9-3（平裝）

1.樂觀主義　2.快樂　3.自信　4.職場成功法

143.69　　108022466